www.ingramcontent.com/pod-product-compliance
Lightning Source LLC
LaVergne TN
LVHW010057061026
849532LV00007BA/2444
* 9 7 8 9 3 6 9 0 8 7 9 4 5 *

آشوبِ نوا

(غزلیں)

ظہیر غازی پوری

Aashoob-e-Nava *(Ghazals)*
by: Zaheer Ghazipuri
Edition: October '2025
Publisher :
Taemeer Publications LLC (Michigan, USA / Hyderabad, India)

ISBN 978-93-6908-794-5

کتاب	:	**آشوبِ نوا** (غزلیں)
مصنف	:	**ظہیر غازی پوری**
صنف	:	شاعری
ناشر	:	تعمیر پبلی کیشنز (حیدرآباد، انڈیا)
سالِ اشاعت	:	۲۰۲۵ء
صفحات	:	۱۴۶
سرورق ڈیزائن	:	تعمیر ویب ڈیزائن

اِنتساب

فن کی ان اعلیٰ قدروں کے نام

جو شکست و ریخت کے باوجود

اِرتقا پذیر ہیں۔

غزلیات

میں تو حدِّ انتشارِ ذات تک آ ہی گیا
اب کہاں مجھ کو یہ آشوبِ نوا لے جائے گا

○

میرا "مَیں" ہو نہیں سکتا مرے اندر تقسیم
قطرہ قطرہ کہیں ہوتا ہے سمندر تقسیم

شاخ در شاخ نئی رُت کی تمنّا مجروح
زرد پتّوں پہ ہوئے دھوپ کے جوہر تقسیم

میں لیے پھرتا رہا دوست نوازی کی سَنَد
میرے احباب تھے، کرتے رہے پتھر تقسیم

ریت اظہار کا ننھا سا وسیلہ ہی سہی
خواب تو کر نہ سکے ایک بھی پیکر تقسیم

میرے کمرے کا مقدر رہے ابھی تیرہ شبی
روشنی ہوتی ہے دہلیز کے باہر تقسیم

دَر کھُلے اب تو ہواؤں سے مَیں دریافت کروں
کون ہوتا ہے مرے جسم میں اکثر تقسیم

○

صبا کو نورؔ، چراغوں کو پھول کہتا تھا
وہ اجتہاد کو پھر بھی فضول کہتا تھا

وہ آدمی تھا دلائل کا آہنی پیکر
ہر ایک بات بہ ردّ و قبول کہتا تھا

وہ پُرخلوص تھا اتنا کہ زہر پی کے اُسے
معاشرے کا مبارک حصول کہتا تھا

بہت عجیب تھا اس کا طریقۂ اظہار
طلوعِ مہر کو شب کا نزول کہتا تھا

وہ اپنے جسم کو کہتا تھا زندگی کی تھکن
لطیف روح کو صحرا کی دھول کہتا تھا

وہ سخت جان کچھ ایذا پسند تھا اتنا
لہو میں تیرتے زخموں کو پھول کہتا تھا

ذرا قریب سے دیکھا تو کھوکھلا نکلا
زمانہ اس کو بہت با اُصول کہتا تھا

مُرادِ نفیِ چمن تھی ظہیرؔ اُس سے، جو وہ
شجر کے ذکر پہ خود کو ببول کہتا تھا

ساتھ اپنے کس قدر دل کش فضا لے جائے گا
آدمی خوابِ فریبِ ارتقا سے لے جائے گا

میرا دشتِ جاں ترس جائے گا اک اک بوند کو
وہ اگر آنکھوں میں ساون کو چھپا لے جائے گا

میں تو حدِّ انتشارِ ذات تک آ ہی گیا
اب کہاں مجھ کو یہ آشوبِ نوا لے جائے گا

آج کا ہر آدمی بے شکل ، بے چہرہ سا ہے
اے مصوّر ! تو مری پہچان کیا لے جائے گا

جا بہ جا سوکھے ہوئے پتّوں سے ہوگا واسطہ
دھوپ کا موسم تو رنگِ سبز اُڑا لے جائے گا

لفظ بن کر ذہن و دل پر مرتسم ہو جاؤں مَیں
عکس چہرے کا تو کوئی آئینا لے جائے گا

ایک زخمی سی بصیرت ہوں مَیں اپنے عہد میں
مجھ سے ہر شخص اپنا سایہ بھی بچا لے جائے گا

اُس کا استقبال کرتے جائیں گے نظروں کے سنگ
جب وہ اپنے جسم کا شیشہ سنبھالے جائے گا

کوئی خاکہ ، کوئی سایہ ، کوئی روپ اس کا نہیں
اپنے ساتھ انسان کیا بس اک خلا لے جائے گا

نظر سے سورج کا فاصلہ صرف ہات بھر تھا
مگر ہمارا ہی جسم شاخِ نبات بھر تھا

وہ ایک تالاب جس میں پتھر بھی تیرتا ہے
جواز میرے مُشاہدوں کا حیات بھر تھا

سحر کی کرنیں تو کھڑکیوں میں شگاف بھر تھیں
گھنا اندھیرا شعور میں کائنات بھر تھا

جو بند کمرے میں خوف کے جنگلوں سے گزرا
وہ حوصلہ مند تھا مگر اپنی بات بھر تھا
بدن کی لذّت کہاں ابھی کائنات بھر تھی
نگاہ کا لمس بس حدِ التفات بھر تھا
پہاڑ، ندی، شجر، سمندر فقط مظاہر
وقار تیرا ہماری بے مایہ ذات بھر تھا
خود اپنی دنیا کا اک نظارہ بھی غیر ممکن
سفر ہمارے گمان کا کائنات بھر تھا
عجیب شے تھی کسی کی یادوں کی شعلگی بھی
بدن میں چنگاریوں کا طوفان رات بھر تھا

خراب حال شکستہ سے الفاظ

لباسِ تن کی طرح ہیں کٹے پھٹے الفاظ

اُنھیں سنبھال کے رکھا ہے دی ہے جائے ادب

مجھے جہاں بھی ملے ہیں گرے پڑے الفاظ

ہم ایک نقطے کی صورت ہیں لوحِ ہستی پر

ہمارے گرد بناتے ہیں دائرے الفاظ

نئی فضا، نئے ماحول کا کرشمہ ہے
مری زبان پر آتے ہی بول اُٹھے الفاظ

ہزار زخم لگے فکر کے بدن پہ، مگر
ہیں آگہی کے وسیلے مرے لیے الفاظ

تمام لوگوں نے ملبہ سمجھ کے چھوڑ دیا
جہاں سے ہم نے نکالے نئے نئے الفاظ

کبھی حیات کے زخموں کا اِندمال بنے
کبھی شعور پہ نشتر چلا گئے الفاظ

کبھی ہیں میرے لیے پاسبانِ فکر و قلم
کبھی بنے بڑے جانکاہ سانحے الفاظ

رہے تمدن و تہذیب ان سے وابستہ
ہر ایک عہد میں تاریخ ساز تھے الفاظ

ظہیرؔ غور سے دیکھو انھیں تو سمجھو گے!
ہیں کائنات پہ بھرپور تبصرے الفاظ

○

کبھی ہوتا نہیں ہم سے وہ مخاطب اللہ
جان لیوا ہے بہت پاسِ مراتب اللہ

پہلے دشوار ہوا کرتی تھی چہرے کی شناخت
اب بدل لیتا ہے ہر روز وہ قالب اللہ

فاختہ سب مرے احساس کی زخمی سی ہیں
کتنی سفاکی حالات ہے غالب اللہ

بہرہ اندوزِ ثمر بھی ہوں مجھی سے سب لوگ
اور پتھر بھی چلیں میری ہی جانب اللہ

مَیں بکھرتا ہی رہا ٹوٹتے شیشوں کی طرح
میرے بس میں نہ رہے میرے عواقب اللہ

گرد ہی گرد مری سوچ کے آنگن میں ہے، جمع
گھٹ کے رہ جائیں نہ افکار و مطالب اللہ

ضبط کی آنچ سے دن رات سُلگتے رہنا
مجھ پہ کیا ختم ہیں دُنیا کے مصائب اللہ

آزمایا گیا اربابِ ہنر پر وہ بھی
جو رویّہ تھا بہت غیر مناسب اللہ

○

رُوح بھی ہو جائے گی اک روز محور سے جُدا
آدمی تو ہو چکا ہے اپنے پیکر سے جُدا

فرد کی بیگانگی اس عہد کی قدروں کے بیچ
ایک زخمی سا پرندہ اپنے شہپر سے جُدا

بے ثباتی پر مجھے دی جائے پھر بھی فوقیت
میں کوئی قطرہ سہی اپنے سمندر سے جُدا

چوٹ کھا کر زخم کے ہونٹوں سے نکلی ہے صدا
ذائقہ میرے لہو کا ہو نہ پتھر سے جُدا

اجنبی اپنے لگے تو دوست دشمن سے لگے
سر کا سَودا جب کبھی ہونے لگا سر سے جُدا

نام دوں اِس کیفیت کو کون سا لوگو کہو!
نیند آنکھوں سے جُدا ہے جسم بستر سے جُدا

لگ رہی ہے اپنی ہی آواز مجھ کو اجنبی
غالباً میں ہو گیا ہوں اپنے اندر سے جُدا

ہو گئی بے راستہ، آراستہ سی زندگی
کر دیا لوگوں نے مجھ کو جب مرے گھر سے جُدا

○

سابقہ جب سے ہے لمحوں کی اذیت سے اسے
کتنی نفرت ہے زمانے کی رفاقت سے اسے
کھو چکا بھیڑ میں دُنیا کی جو اپنا چہرہ
دیکھنا چاہیے اب چشمِ مروّت سے اسے
مسکراہٹ کے لبادے میں پریشاں نظری
ہائے کیا شئے ملی افکار کی جنّت سے اسے

فکر و احساس کی تہذیب سے بیگانہ تھا
کچھ نہ حاصل ہوا دستارِ فضیلت سے اسے

رات' بے خواب سلگتے ہوئے جذبوں کی امیں
ہاتھ آتی رہی شعروں کی وساطت سے اسے

شوخیِ لفظ و معانی پہ وہ قربان ہوا
جانے کیا ربط تھا اسلوب کی جدت سے اسے

وقت کے ہاتھ میں سامانِ جراحت ہے ابھی
آشنا کردو نئی طرزِ محبت سے اسے

جس سے تجدیدِ فن و فکر ہوا کرتی ہے
وہ روایت ہے تو رکھنا ہے حفاظت سے اسے

اس کا دل درد کی آواز پہ دھڑکا کب تھا
تپشِ غم سے یہ پتھر بھی پسیجا کب تھا

عمر گزری ہے مری ایک ہی برگد کے تلے
میری نظروں میں کوئی اور سراپا کب تھا

عظمتِ دانش و افکار بھی قائم اس سے
اپنے اوپر مگر انساں کو بھروسا کب تھا

میں کڑی دھوپ میں تپتا ہی رہا صدیوں سے
مجھے شاداب درختوں نے پکارا کب تھا

روشنی اپنی لٹاتا رہا سورج پھر بھی
میرے حسرت کدۂ دل میں اُجالا کب تھا

پوچھتا جو مرا دُکھ پاس بُلا کر مجھ سے
کوئی اُس شہر میں ایسا بھی شناسا کب تھا

خود بہ خود وہ مرے شعروں میں جھلکتا ہے
سوز، جذبوں کا کبھی میں نے خریدا کب تھا

میرے الفاظ، مری فکر، مرے احساسات
بھیڑ تھی ساتھ مرے میں کبھی تنہا کب تھا

تہی ساغر سہی ہاتھوں میں تو آجاتا ہے
اک یہی جذبہ مری پیاس بجھا جاتا ہے

مجھ سے مانوس ہوئی اتنی مری تنہائی
اجنبیت کا ہر احساس مٹا جاتا ہے

شیشہ و رنگ کے بخشے ہوئے زخموں کا حساب
بہرِ انصاف مرے نام لکھا جاتا ہے

پہلے بے کیفیِ احساس کا ماتم تھا یہاں
اب مرے جذبوں کو مصلوب کیا جاتا ہے

جسم و جاں کا یہ سفر بے سر و سامانی میں
برگِ آوارہ کی مانند ہوا جاتا ہے

جذبۂ شوق تو پابند نہیں ہو سکتا
"رقص زنجیر پہن کر بھی کیا جاتا ہے"

دیر تک سوچتا رہتا ہوں کہ کیا تھا، کیا ہوں
جب کبھی نام مرا پوچھ لیا جاتا ہے

اب زمیں تنگیٔ داماں کی شکایت نہ کرے
بہرِ تحقیق خلاؤں میں اڑا جاتا ہے

خود کو پہچاننے جب سامنے آتا ہوں ظہیرؔ
آئینہ اک نئی تصویر دکھا جاتا ہے

کس قدر پائمال ہے ہر شخص
ناروا سا خیال ہے ہر شخص

اُس کی تہذیب اس پہ روتی ہے
ظاہراً باکمال ہے ہر شخص

نفی ہے ارتقا کی اس کا وجود
خود ہی اپنا زوال ہے ہر شخص

یوں تو ہے ایک ذرّہ بے مقدار
عظمتِ ماہ و سال ہے ہر شخص

اک ذرا یہ فروغِ دانش دیکھ
دودِ خواب و خیال ہے ہر شخص

ہر تعارف پہ جھوٹ کا پردا
واقعی بے مثال ہے ہر شخص

حل ہوا ہے ورق ورق پھر بھی
اُلجھا اُلجھا سوال ہے ہر شخص

رشتۂ خوں سے ہو کے بے پردا
آج خود پر وبال ہے ہر شخص

میرے سر پر ہے وہی ٹوٹا سا چھپّر اب تک
مجھ سے بدلا نہ گیا اپنا مقدر اب تک

کہیں دیکھا تھا کبھی سوختہ جسموں کا ہجوم
ذہن میں چیخ رہا ہے وہی منظر اب تک

لوگ بیگانہ سہی، لگتی ہے مجھ کو اپنی
بے کفن لاش پڑی ہے جو سڑک پر اب تک

دولتِ دل کا کوئی مول مگر ہو نہ سکا
ہم اُٹھا لائے بہت چاند کے پتھر اب تک

سانپ شاید مجھے ڈستا رہا تنہائی کا
شکن آلود نظر آتا ہے بستر اب تک

غم کی برسات ہی ہم دیکھتے آئے برسوں
کبھی دیکھا نہ کوئی نیک نچھتر اب تک

لاکھ کوشش کی مگر نیند سے چونکا ہی نہیں
نیا انسان مرے جسم کے اندر اب تک

ہم اسی سوچ میں خود ڈوبے رہے ہیں برسوں
اپنا سایہ نہ ہوا اپنے برابر اب تک

فن کی عظمت کا طرف دار مجھے کہئے ظہیر
حرف آیا نہ کبھی میرے قلم پر اب تک

○

کوئی میرے شہر میں ایسا نہ تھا
جس کے چہرے پر کوئی پردا نہ تھا

دھوپ تھی سر پر مرے پھیلی ہوئی
میرے ساتھ اپنا کوئی سایا نہ تھا

اجنبی لگتی ہے اب اپنی ہی ذات
خود سے میں اتنا تو بیگانہ نہ تھا

یوں بگولوں نے ادھر کا رُخ کیا
میرا گھر اک شہر تھا صحرا نہ تھا

روشنی ہی بن گئی وجہِ عتاب
موم کا پیکر یوں ہی پگھلا نہ تھا

پتھروں کی زد سے بچنا تھا محال
سامنے تہذیب کا شیشہ نہ تھا

کوئی میرے بعد کیا پہچانتا
اپنا کتبہ میں نے خود لکھا نہ تھا

میں بھی تھا اک سنگِ بے قیمت ظہیر
اس نے خود جب تک مجھے پرکھا نہ تھا

بہت تباہ کیا اب نواز کے دیکھو
کرشمے یوں بھی نشیب و فراز کے دیکھو

ہزاروں نسلیں مرے عہد تک چلی آئیں
یہ فتنے اک نگہِ نیم باز کے دیکھو

بڑھا ہوں چند قدم شاہراہِ مقصد پر
غبار اٹھنے لگے امتیاز کے دیکھو

شکستِ ریختہ کی باتیں نئے پرانے ادب
ہیں نغمے بوقلموں ایک ساز کے، دیکھو

بنا چکے نئے معبد الگ الگ محمود
کوئی بھی ساتھ نہیں اب ایاز کے دیکھو

جو ٹھنڈی ریت تھے چھونے کے بعد آگ ہوئے
مجسمہ ہیں وہ کس سوز و ساز کے، دیکھو

جنوں کے ڈھنگ الگ خسروی کی بات جدا
نہ خال و خد کسی عشوہ طراز کے دیکھو

ہر اک کی آنکھ میں یہ ڈھونڈ لیتے ہیں شہتیر
عجیب چیز ہیں چھلکے یہ پیاز کے دیکھو

ظہیر اپنی ہی حق آشنا نظر کے طفیل
سمٹتے جاتے ہیں پردے مجاز کے دیکھو

○

اپنے ہی عکس تھے دُھندلے شاید
آئینے تو نہ تھے اندھے شاید

رسمِ زندان و سلاسِل ٹوٹی
فکر پر اب نہوں پہرے شاید

پھیلتی اور ابھی زخموں کی مہک
اور نا سور ابھی رِستے شاید

لب تک آکر سُلگ اُٹھتی تھی نوا
کل زبانوں پہ تھے شعلے شاید

منحصر دھوپ پہ ہے اپنا وجود
ہم ہیں دیوار کے سائے شاید

چیخ اُٹھیں اپنی ادھوری شکلیں
آئینے ٹوٹ گئے تھے شاید

منتشر سی یہی قدریں اک روز
فن کو بخشیں گی سلیقے شاید

شہرِ تخلیق میں ڈھونڈو تو ملیں
غیر آباد سے حصّے شاید

ذہن کیوں بند ہیں شوکیسوں میں
کوئی اس عہد میں سوچے شاید

ہم ہواؤں کی علامت تو بنے
کھول دیں اب وہ دریچے شاید

میری تسکینِ اَنا کے مظہر
اب بھی ہیں چند جریدے شاید

آگ میں فن کی، تپے ہو کتنا؟
وقت تم سے نہ یہ پوچھے شاید

○

تفہیم و بصیرت کی جب برق چمکتی ہے
الفاظ کے چہرے سے اک شان ٹپکتی ہے

افکار ہمارے تو شاخِ گلِ تر ٹھہرے
گلزارِ تخیُّل کی مٹّی بھی مہکتی ہے

اس عہدِ وسائل میں کیوں اتنے پریشاں ہو
دیوار چٹانوں کی تو ٹوٹ بھی سکتی ہے

اِس دَور میں کچھ ہم بھی بے چہرہ ہوئے ایسے

حیرت سے نظر اپنی آئینے کو تکتی ہے

ہم آتشِ دَوراں سے اپنے کو بچائیں کیوں

جب چہرے جھلستے ہیں تب فصل بھی پکتی ہے

اشجارِ تناور کے پندار پہ حیرت کیا

بوسیدہ زمیں میں بھی تخلیق کی شکتی ہے

اک شے ہے مرے اندر کیا نام اسے دوگے

کانٹوں پہ لچکتی ہے شعلوں پہ لپکتی ہے

لگتی ہے ظہیر اکثر آواز وہ اپنی ہی

دہلیزِ اَنا پر جو سر اپنا پٹکتی ہے

○

کسی گمنام سی لذّت کا پتا دو یارو
مجھ کو ناکردہ گناہی کی سزا دو یارو

کوئی منصور مرے جسم کے اندر بھی ہے
میرا انجام مجھے پھر سے بتا دو یارو

آگ میں اپنی ہی جلنا اگر آسان لگے
راکھ میں درد کے شعلوں کو دبا دو یارو

حسن تجدیدِ محبت کے لیے مچلا ہے
اُس کے ہاتھوں میں کوئی خام گھڑا دو یارو
پھول اب زخم کی تصویر نظر آتے ہیں
میرے جذبوں کی رِدا ان کو اوڑھا دو یارو
پھر نظر آتی ہے تاریخ کے ماتھے پہ شِکن
پھر مجھے زہر بھرا جام پلا دو یارو
زندگی ہے کہ سرکتی ہی چلی جاتی ہے
میرے ہاتھوں میں کوئی اس کا سرا دو یارو
میں نے ہر رنگ میں جینے کی ادا سیکھی ہے
شوق سے تم مجھے دیوانہ بنا دو یارو

○

آئینہ آئینہ ہر سمت نظر آئے گا
میرے لفظوں میں ترا عکس اُبھر آئے گا

رات بھر تو کسی آہٹ کا دریچہ نہ کھُلا
دن میں اب کون مرے کمرہ میں دَر آئے گا

تو نہ آئے گا تو اک پیکرِ نایاب ، ترا
میرے خوابوں کے جزیرے میں اُتر آئے گا

ذہن و سرکی میں ضیافت تو کروں گا اِس سے
یوں مرے کام مرا سنگِ ہنر آئے گا

شبِ تاریک ہی اب جزوِ بدن بن جائے
میری آنکھوں میں کہاں خوابِ سحر آئے گا

ہم اُجالوں کے پرستار جو کہلاتے ہیں
خود میں اُتریں تو اندھیرا ہی نظر آئے گا

نقش ہاتھوں کے یہ کہتے ہیں کہ درپیش ابھی
کئی انجان سی سمتوں کا سفر آئے گا

لے کے دامن میں غبارِ رہِ وحشت وہ ظہیر
سر جھکائے ہوئے پھر آج بھی گھر آئے گا

○

شمعِ افکار جلا کر خوش ہے
حرف و معنیٰ کا پیمبر خوش ہے
قدر شیشوں کی وہ کیا سمجھے گا
ہاتھ میں لے کے جو پتّھر خوش ہے
ہو کے تجرید کے ہاتھوں برباد
اب نئی نسل کا آذر خوش ہے

تیرا میں ڈھل نہ سکا جو مجھ سے
چھپ کے شاید مرے اندر خوش ہے

کون ہے جو مجھے شمعوں کی طرح
ذہن میں اپنے جلا کر خوش ہے

میرا اک لمسِ خیالی پا کر
تیرے احساس کا پیکر خوش ہے

پی کے پیمانۂ زہرِ امروز
اب مری ذات کا شنکر خوش ہے

لے کے ہاتھوں میں صدف ٹوٹے ہوئے
بخت پر اپنے شناور خوش ہے

کوئی ایسا بھی ہے دنیا میں ظہیر
جو نظر سے مجھے چھو کر خوش ہے

○

اُدھر ہیں شب کے پجاری اِدھر سحر والے
بساط اپنی بچھائیں کہاں نظر والے

جلا دیا مجھے پہلے چراغ کی مانند
پھر اجنبی سے ہوئے خود ہی میرے گھر والے

لہو سے لکھی ہے تاریخِ عصرِ نَو میں نے
بس اِتنی بات پہ ہیں مشتعل ہنر والے

جہانِ فکر میں اک بے بہا متاع ہوں میں
مجھے خرید سکیں گے نہ سیم و زر والے

شکم پری کی شرافت بھٹک نہ جاتی تو
خود اپنے گھر نہ جلاتے فساد و شر والے

ہمیں بدلتی ہواؤں کے رُخ سمجھتے ہیں
ہمیں ہیں رہ گزرِ فکر میں سفر والے

یہ آئینے نہ حکایاتِ خوں چکاں بنتے
اِنھیں بچا کے جو رکھتے ذرا سحر والے

مزاج داں نہ ہوئے سب نئی رُتوں کے ظہیر
چلے تھے ساتھ مرے بھی کئی نظر والے

○

خوش نوا اور خوش بیاں قلم
فکر و فن کا ہے ترجماں قلم

میرے سر پر بھی کوئی چھت ہوتی
کاش بن سکتا سائباں قلم

دانش و فکر اُس پہ ناز کرے
جس پہ ہو جائے مہرباں قلم

میری ہستی بس ایک مشتِ غبار
اور رُتبے میں آسمان قلم
زندہ رکھتا ہے اہلِ دانش کو
یہی بے جان، بے زبان قلم
میں نے تکریم لفظ و معنیٰ کی
بن گیا میرا پاسبانِ قلم
میں ہوں مہمان میز پر اپنی
ساتھ ہے میرا میزبان قلم
وقت کی انگلیوں کو ہے معلوم
کس قدر ہے لہو لہان قلم

بھاگتی، اُڑتی رہے ہاتھ نہ آئے چڑیا
پیاس ہر دم نگہ و دل کی بڑھائے چڑیا
چار سمتیں تو میں دیکھ آیا بہت دور تلک
پانچویں سمت سے شاید کوئی آئے چڑیا
سنگ باری کی روایاتِ کہن سال ہیں
شاخِ تحریر پہ بیٹھے تو سنائے چڑیا

ٹوٹتی قدروں کے اس عہد میں بھی انساں کو
ذات کے کرب سے بیگانہ بنائے چڑیا

حرف والفاظ نہ چاہے نہ صحیفہ مانگے
لبِ اظہار کا جادو ہی جگائے چڑیا

کبھی گندم کے لیے آدم و حوّا کی طرح
آشیاں چھوڑ کے پنجرے میں بھی آئے چڑیا

اس کی تقدیر نہیں صرف زمینوں کا طواف
آسمانوں کی بلندی پہ بھی جائے چڑیا

کبھی ندّی، کبھی نالاب، کبھی جھیلوں کے
کسی ویران کنارے پہ نہائے چڑیا

○

کتنے رہزن بڑھ کے رہبر ہو گئے
اور ہم رستے کے پتھر ہو گئے

اجنبی جن کو لگا یہ سارا شہر
بند وہ کمرے کے اندر ہو گئے

دل کے زخموں کا بہت احسان ہے
میرے اک اک لفظ نشتر ہو گئے

وقت کے بگڑے غزالانِ خیال
دسترس سے میری باہر ہو گئے

ہم حسد کی آگ میں جلتے رہے
کتنے قطرے خود سمندر ہو گئے

کرتے رہی تقلیدِ فنِ آزری
آج سب فن کار آزر ہو گئے

سختیٔ حالات کا ممنون ہوں
میرے احساسات پتھر ہو گئے

کچھ نئی قدریں لیے آئے ظہیر
لوگ سمجھے یہ پیمبر ہو گئے

O

متوالی مدھ ماتی سُندر من موہک رنگیلی شام

دھوپ نے جب آنچل کو سمیٹا آئی چھیل چھبیلی شام

بادل بادل ناچے گھومے، اٹھلائے سنگھار کرے

رنگ برنگے چولے بدلے، سبز، گلابی، نیلی شام

اپنے بدن پر چٹکی بھر کے سوچوں یہ سپنا تو نہیں

جب جب اپنی چھب دکھلا کر چھپ جائے شرمیلی شام

تکتے تکتے اس کو میری آنکھیں تھک جاتی ہیں
چھوڑ کے اپنا دیس نہ آئے میرے گھر چمکیلی شام

پیلے لال ہرے رنگوں سے خود تو کھیلے وہ ہولی
مجھ پر ڈال کے کالی کیچڑ بھاگ چلے رنگیلی شام

جب بھی نین کسی کے برسیں جب بھی بادل نیر بہائیں
اوڑھ کے خود بھی کالی چادر سوگ منائے گیلی شام

ملتے ہیں آپس میں گلے یہ دھرتی اور آکاش جہاں
بن کے سہاگن اس سنگم پر جھومے روز سجیلی شام

انگڑائی کی مستی پھیلے، چھلکیں ساغر جسموں کے
دُنیا بھر میں روز ہی لائے ایک نئی تبدیلی شام

من کی سورج کی دھرتی کی ساری جلن پی جاتی ہے
پھر بھی تو لگتی ہے مجھ کو کیوں مست نشیلی شام

دن کے اُجالے میں سنتے ہیں جو بھی من کا درد چھپائے
ان کے لیے تو بن جاتی ہے ناگن سی زہریلی شام

○

لہرا کے خود اپنا آنچل کھیل نرالے کھیلی رات
چاند ستاروں کی تو جیسے صدیوں کی ہو سہیلی رات

روز اپنے آغوش میں لے لے سب کو تھپکی دے کے سلائے
کالے لمبے بال بکھیرے جب آئے البیلی رات

آگے پیچھے باراتی سے، چاند، ستارے، شمع، کنول
کتنی سج دھج کر آتی ہے دلہن جیسی نویلی رات

کوئی نہ اُس کی پیڑا سمجھے، کوئی نہ بانٹے اُس کا درد
صحرا کے سناٹے میں جب پل پل چیخے اکیلی رات

میری عقل و دانش پر اب چاہے پھبتی لوگ کسیں
میں نے چمکتا سورج دے کر اپنی خاطر لے لی رات

جانے ہیں بے خواب دریچے نیند سے میرا رشتہ کیا
یوں ہی آنکھیں موند کے مجھ سے کرتی ہے اٹھکھیلی رات

نکھرے عارض، بکھری زلفیں، چشم و لب کے چھلکتے جام
دیکھ کے ایسے دل کش منظر کیا کیا کرب نہ جھیلی رات

چھپ کر آئے چھپ کر جائے ہم سے اپنا جسم چرائے
غور کریں تو لگتی ہے اک پُراسرار پہیلی رات

دیواروں سے سسکی اُٹھی، پردے ڈر سے کانپ اُٹھے
برہن بن کے جب بھی آئی میرے گھر میں اکیلی رات

اکثر کاغذ پر سوئی ہے اوڑھ کے میری فکر کو یہ
صبح کو لیکن چھوڑ گئی سب آنگن کمرہ حویلی رات

○

بکھر دیا رِشعر و فن میں آ اُوشاد
حرف و معنیٰ کے عَلم لہرا اُوشاد
زندگی ہے ٹوٹتے لمحوں کا کرب
شبنمِ انفاسِ جاں برسا اُوشاد
خشک ہے فہم و بصیرت کی ندی
چل رہی ہے ریت پر اب نا اُوشاد

سختیٔ حالات میں اک بار پھر
بے زبانوں کی زباں بن جاؤ شاد

غور سے دیکھو تو ہیں ہر جسم پر
وقت کی سفاکیوں کے گھاؤ شادؔ

فکر و فن کے عہدِ پُر آشوب میں
کچھ نئے اسلوب میں فرماؤ شادؔ

عہدِ ناقدری میں بھی اک شان سے
حافظِ شیراز بن کر آؤ شادؔ

بند ہے ہر شخص اپنے خول میں
دل در و دیوار سے بہلاؤ شادؔ

O

فکر ناراض ہے خفا مطلب
چُپ ہیں الفاظ، ادا ہو کیا مطلب

کتنے خانوں میں بٹ گیا ہوں مَیں
اب مرے "مَیں" کا ہے نیا مطلب

جلتے لمحات کا تقاضا تھا
خود ہُوا شعلہ آشنا مطلب

ہر نئے لفظ کی نئی تشریح
ہر نئی بات کا نیا مطلب

اپنے گھر کو بھی اپنا گھر نہ کہوں
غالباً ہے یہ آپ کا مطلب

شاید الفاظ خود ہی تھے بے جان
نہ ہوا لب سے آشنا مطلب

○

جسم تھا کچھ اور، چہرا اور تھا
لفظ کے پردے میں معنیٰ اور تھا

لذّتِ آوارگی سے نابلد
میرے گھر میں تھا جو صحرا اور تھا

آپ کی مشکوک نظروں میں کوئی
اس زمیں سے میرا رشتا اور تھا

اک صدا چونکا گئی ورنہ مجھے
اعتبارِ عہدِ فردا اور تھا

وقت نے پہچان ہم سے چھین لی
دعویِٰ اربابِ دنیا اور تھا

کر گیا معتوب مجھ کو آئینہ
عکس ہے کچھ اور، چہرا اور تھا

بیٹھے بیٹھے سوچتے رہیے ظہیر
"اُن کے خط میں کوئی نکتا اور تھا"

○

نگاہِ نقد مرے فن پہ ڈالتا تھا وہ
بہ زعمِ خویش بڑا نکتہ آشنا تھا وہ

زمانہ اس کو بہت بے نیاز سمجھا تھا
جب اپنے آپ کی تکمیل کر رہا تھا وہ

اُجالا چہرے کا سب کو فریب دیتا تھا
وگرنہ اپنی ہی راتوں کا ماجرا تھا وہ

وہ دیکھنے میں بڑا سادہ لوح تھا لیکن
سمندروں کی تہوں میں اُتر چکا تھا وہ

خود اس کے پیچھے چلی گیان دھیان کی دُنیا
بس ایک بار ہی گھر سے نکل گیا تھا وہ

ہنسی میں اس کی رہا امتزاج تلخی کا
نہ جانے کیسے عذابوں میں مبتلا تھا وہ

○

اک دو حرف یوں ہی لکھ کے مٹا دینا تھا
ذہن ماؤف بھی رہتا ہے بتا دینا تھا

بند کمرے کی گھٹن جھیلو گے کب تک آخر
اپنے دروازے کا پتھر تو ہٹا دینا تھا

لوحِ احساس بھی کیا صفحۂ گفتار بھی کیا
آج ہر چیز کو آئینہ بنا دینا تھا

کھوکھلے دعوؤں کی تبلیغ ہی کرنا تھی غلط
جب نئی نسل کو صحرا میں بسا دینا تھا

راہ پُرخار نہ تھی پھر بھی سفر تھا مخدوش
رہ نماؤں کو یہ احساس دلا دینا تھا

جب یہاں حد سے بڑھی تیرہ شبی کی یورش
خود جلے ہم کہ اُجالے کا پتا دینا تھا

○

وہ مشتعل سا لگا جب بھی میرے گھر آیا
مری طرح اُسے جینے کا کب ہنر آیا

دریچے بند ہوئے سب جدھر سے گزرا میں
یہ مجھ میں کون سا آسیب آج اُتر آیا

جہاں درختوں کے سائے بہت گھنے سے ملے
مجھے کچھ ایسا لگا جیسے اپنا گھر آیا

کسی نے مجھ پہ جو اک چشمِ معتبر ڈالی
ورق ورق پہ مرا نقش خود اُبھر آیا

تم اپنی سانس پہ قابو تو پہلے پا جاؤ
کہو یہ بعد میں، قاتل کو قتل کر آیا

مجھے خیال تھا اسلوب کی متانت کا
وہ اپنے کھردرے لہجے میں وار کر آیا

○

ایک ویران خلا ہے مجھ میں
پھر بھی کیوں شور بپا ہے مجھ میں

مختلف شکلوں میں کوئی پیکر
عہد تا عہد رہا ہے مجھ میں

وقت نے لوٹ لی ساری پونجی
اک مرا 'مَیں' ہی بچا ہے مجھ میں

روح زخمی سی ہے میری، شاید
آئینہ ٹوٹ گیا ہے مجھ میں

ریت ہی ریت ہے بکھری ہر سو
دشت بن کر وہ بسا ہے مجھ میں

زندگی لوگ جسے کہتے ہیں
خوبصورت سی بلا ہے مجھ میں

زہرِ احساس کی مانند ظہیرؔ
کوئی تحلیل ہوا ہے مجھ میں

رکھا تھا پاؤں چاند پہ، دریا میں بہہ گیا
خوابوں کے کارواں سے میں پیچھے ہی رہ گیا

پت جھڑ نہ خشک پتّوں کا سامان اب کرے
اپنا تو سبز شاخوں پہ ایمان رہ گیا

تعمیر ہوں گے اب نہ کہیں ریت کے محل
اک شخص آ کے مجھ سے عجب بات کہہ گیا

ایسا لگا کہ پہلے سے پہچان ہی نہ تھی
دیکھا جب آئینہ تو مَیں حیران رہ گیا

وہ بھی تو گوشت پوست کا انسان تھا کوئی
پتھّر کی سخت چوٹ بدن پر جو سہہ گیا

○

خوں فشانی کے یہاں اور بھی حیلے نکلے
دیکھنا پھول کے پتّے بھی نکیلے نکلے

کبھی جمتی ہی نہ تھی اُجلے لباسوں پہ نظر
خول اُترے تو بدن لوگوں کے پیلے نکلے

کوئی پتھر نہ چلا فصل بدل جانے تک
پھل بھی اِس سال درختوں کے رسیلے نکلے

لوگ مشکوک ہوئے ہیں مری تنہائی پر
جب مرے ساتھ مسائل کے قبیلے نکلے

دھجّی دھجّی ہوئی شب رنگ غباروں کی ردا
راہ رَو خوش ہیں کہ منزل کے وسیلے نکلے

منتشر کردے جنھیں ایک ہوا کا جھونکا
ہم ظہیر آج وہی ریت کے ٹیلے نکلے

○

اور چونکا دیا کچھ بے خبری نے اب کے
حیرت انگیز ہیں جینے کے قرینے اب کے

سرِ قرطاسِ سخن دیکھ! نمو نے کیا کیا
رکھ دیئے ہیں مری بالغ نظری نے اب کے

معرکے سر کیے آزارِ جنوں کے کتنے
ایک تنہا مری آشفتہ سری نے اب کے

رکھ دی لفظوں میں مرے زخمِ تمنا کی خلش
بارے احسان کیا دیدہ وری نے اب کے

راہ رَو رکھیں گے پھر کس پہ اساسِ ایمان
خاک چھنوائی اگر راہبری نے اب کے

اپنی پہچان بھی دشوار ہوئی ہم کو ظہیرؔ
لا کے چھوڑا یہ کہاں خودنگری نے اب کے

○

تمام لوگ جہاں اجنبی سے لگتے ہوں
اب ایسے شہر میں تم اپنا گھر تلاش کرو

جب آئینے ہی کو میزان تم سمجھتے ہو
تو اس میں عکسِ متاعِ نظر تلاش کرو

نہ لب جلے نہ کسی حرف ہی سے شعلہ اُٹھا
مری دعا کا کہیں تو اثر تلاش کرو

مرا قلم تو نہ پیچ و خم سے پائے نجات
مرے لیے وہ صلیبِ ہنر تلاش کرو

مری تھکن سے نہ ہو جب سفر کا اندازہ
تو میرے چہرے پہ گردِ سفر تلاش کرو

ظہیر کوئی بھی آہٹ جہاں نہ ہو محسوس
اب اپنے واسطے وہ رہگزر تلاش کرو

○

شوریدگیِ جاں کا تقاضا ہے سامنے
اُجڑا ہوا سا شہرِ تمنّا ہے سامنے

دیتے نہیں فریبِ مسرّت بھی میرے خواب
ٹوٹا ہوا سا ایک گھروندا ہے سامنے

مجھ تک ہَوا سفید کبوتر نہ بن کے آئے
اب آخری نگاہ کی دُنیا ہے سامنے

یہ رات کیسے ہوگی بسر اُس کے ساتھ بھی
آنکھیں کھُلی ہیں نیند کا چہرا ہے سامنے

لے جائے اپنے ساتھ بہا کر کہاں مجھے
بپھرا سا خواہشات کا دریا ہے سامنے

جو اس کے پاس فن تھا، بنا زینتِ صنم
اب آزرِ حیات ہی تنہا ہے سامنے

یا مَیں ہوں اپنی ذات میں اک بحرِ بیکراں
یا ساحلی ہواؤں کا جھونکا ہے سامنے

○

آگ کا دریا نضا میں تھا ایک جانب تو بھی تھا
خواب کے منظر میں بیداری کا اک پہلو بھی تھا

صرف صبحیں لوگ رکھ آئے ہیں قدموں پر ترے
میں کہ میری دسترس میں رات کا جادو بھی تھا

موسمِ باراں مری آنکھوں میں تھا سمٹا ہوا
اور اندر کی سلگتی آگ پر قابو بھی تھا

روک کر میرے قدم وہ چھین لیتا تھا تھکن
میرا سایہ کس قدر ہمدرد بھی دلجو بھی تھا

میرے اندر برف پگھلی یا کوئی شعلہ اُٹھا
اب پہ جب مچلے ہیں نغمے آنکھ میں آنسو بھی تھا

میرے احساس و نظر کی جلتی پھرتی چھاؤں میں
شہرِ رنگ و نور بھی تھا مقتلِ اُردو بھی تھا

○

اب اپنا واقعہ لکھنا گراں گزرتا ہے
مسلسل ایک ہی نوحا گراں گزرتا ہے

ہوئے ہیں جب سے دل و ذہن اپنے یخ بستہ
ہوا کا ہر نیا جھونکا گراں گزرتا ہے

بڑھے گی آنچ ابھی کتنی میرے لہجے کی
سُلگتے جذبوں کا صحرا گراں گزرتا ہے

غمِ وفا کا کسی جام میں اُتر جانا
نہ پوچھیئے مجھے کتنا گراں گزرتا ہے

اُجڑ گیا ہے گلستانِ جسم و جاں جب سے
خیالِ عشرتِ دُنیا گراں گزرتا ہے

فضائے شہر تو افسردہ اب نہیں لیکن
مجھے خود اپنا ہی سایا گراں گزرتا ہے

○

لفظ و معنی کا زیاں نا ممکن
لب ملیں بھی تو بیاں نا ممکن

دھوپ کے جسم پہ کوئی سایہ
آگ پر آبِ رواں نا ممکن

زندگی، ریت، گھروندے طوفاں
ذہنِ بالغ پہ گراں نا ممکن

کتنے مفروضے غلط ہوتے ہیں
بے زبانی ہو زباں، نا ممکن

شاخِ بے برگ و ثمر کے نیچے
زرد پتوں کا گماں، نا ممکن

اُڑتے لمحوں کی امانت داری
یا سمندر پہ دکاں، نا ممکن

آسکر کا سا کوئی ذائقہ دے
مری سگرٹ کا دھواں نا ممکن

○

ہاتھ میں پتھر کسی کے پھر کہاں رہ جائیں گے
ہر طرف جب صرف شیشوں کے مکاں رہ جائیں گے

کس کو یہ معلوم تھا آئے گا وہ عہدِ زوال
لفظ سارے بن کے صحرا کی اذاں رہ جائیں گے

پنجۂ خونی اک ایسا وار بھی کر جائے گا
اپنے چہروں پر خراشوں کے نشاں رہ جائیں گے

جب بکھر کر رہ گئے ہیں خشک پتّوں کی طرح
تیز جھونکوں میں ہوا کے، ہم کہاں رہ جائیں گے

ریت پر چھوڑا ہوا ہر نقش مٹتا جائے گا
بس کتابوں میں مرے عکس و نشاں رہ جائیں گے

کس قدر دشوار ہو جائے گی لوگوں کی شناخت
ٹوٹ کر جب جسم کے اندر نہاں رہ جائیں گے

پیاس بھڑکائے گی مجھ کو جا بہ جا مثلِ سراب
سر پہ میرے یادوں کے سائباں رہ جائیں گے

○

کتابِ فکر میں تحریف تو مناسب تھی
نئے مزاج کی توصیف تو مناسب تھی

اکیلے آیا تھا جو اپنے "مَیں" کے مقتل میں
کچھ اُس کے عزم کی تعریف تو مناسب تھی

نظروَرانِ ادب کی نظر پہ چڑھ نہ سکی
مری نظر میں یہ تصنیف تو مناسب تھی

جدید فکر پہ یکسانیت کا غلبہ تھا
کچھ اس میں کی گئی تخفیف تو مناسب تھی

خلوص پر کوئی تہمت کبھی نہ آنے دی
جو مَیں نے دی تمھیں تکلیف تو مناسب تھی

نہ جسم و روح میں پھیلائے ابتری آواز
نکل رہی ہے گلے سے ڈری آواز

جمودِ فکر کا نوحہ نہ آئے ہونٹوں پر
منا رہی ہے ابھی جشنِ برتری آواز

نہ پھینک دے کہیں ماضی کے غار میں مجھ کو
تباہ کن ہے بہت اپنی سرسری آواز

یہ کم نہیں کہ مرے عہد کے صحیفوں میں
تلاش کرنے لگی ہے ہنروری آواز

تم اپنے چہرے سے پونچھو نہ کرب کے آثار
پلٹ نہ جائے کہیں آ کے آزری آواز

ہم شہر بھر کا حال کہاں پوچھتے پھریں
تفصیل ہے لکھی ہوئی چہروں پہ دیکھ لیں

اب تک رہے ہیں ذات کی اندھی گپھا میں قید
نکلیں، تو آگہی کے وسیلوں سے ہم ملیں

چہروں کی اصل و نقل سے واقف نہیں اگر
یہ آئینے، تو آپ اِنھیں توڑ کیوں نہ دیں

اندر کا کیا ہے رابطہ باہر کی چیز سے
اس مسئلے پہ آؤ زمانے کی رائے لیں

تیرہ شبی کا زہر اُجالوں میں گھُل گیا
ہم اب نظر کی چاندنی پھیلے تو کیا کریں

اب تو مرے وجود کا حِصّہ ہیں اے ظہیرؔ
مجروح سے یہ لمحے، یہ زخمی سی ساعتیں

○

چاروں طرف خوشبو کا گہرا سر پہ گھنیرے بادل تھے
پلکوں پر تھی خواب کی جنت پاؤں بہ رنگِ صندل تھے

بات ہے کل کی فکر کے گھر میں اک اک پیکر تھے پامال
حرف و نوا کی تکراروں سے ذہن بھی بوجھل بوجھل تھے

کیا جانے کیا بات ہوئی کیوں ٹوٹ کے ریزہ ریزہ ہوئے
کل تک اپنی ذات سے ہم تو سارے جہاں میں افضل تھے

آئینہ سمجھے تھے جنھیں ہم اُن کی پیشانی پر بھی
گردِ تفکر بکھری تھی کچھ اُبھرے ہوئے دکھ کے بل تھے

لوگ سمجھتے تھے ہم کو بھی روشنیٔ ایوانِ غزل
لیکن ہم تو جسم کے اندر خوں آلودہ مقتل تھے

تنہائی کا روگ لگائے بستی بستی لوگ پھرے
میرے ساتھ تو ہر منظر میں آوازوں کے جنگل تھے

جائزہ اپنا کیا لیتا میں، بات تھی اُلجھی اُلجھی سی
جو پاگل تھے دانا نکلے جو دانا تھے وہ پاگل تھے

○

فِکر کا جب کوئی حیلا بھی نہ تھا
لفظ در لفظ اک قبیلا بھی نہ تھا

خود بِلا اپنے بدن میں تجھ سے مَیں
اور تو کوئی وسیلا بھی نہ تھا

ہم ہی لے آئے تھے ساون کو اِدھر
پہلے یہ رستہ تو گیلا بھی نہ تھا

رُوح محرومی کا ملبہ بن گئی
جسم تو مِٹّی کا ٹیلا بھی نہ تھا

کینوس پر ہیں فقط رنگوں کے جال
کیا کوئی جذبہ سجیلا بھی نہ تھا

چوم لیتا شعلۂ احساس کو
وقت کچھ اتنا ہٹیلا بھی نہ تھا

چُبھ گیا پہلو میں کانٹے کی طرح
اُس کا تیور تو نکیلا بھی نہ تھا

دو رُخے لوگ نرالی باتیں
اُجلے ملبوس میں کالی باتیں

آپ اُتریں کبھی گہرائی میں
ہم تو کرتے ہیں مثالی باتیں

فکرِ دنیا سے فراغت ملتی
سوچتے ہم بھی خیالی باتیں

سب کو اثبات میں دیتے ہو جواب
اور مجھ سے ہیں سوالی باتیں

منحصر ہیں یہ زباں دانی پر
خود دعائیں ہیں نہ گالی باتیں

میری خواہش ہے کہ ہر رنگ میں ہوں
باعثِ خیر سگالی باتیں

○

ربط و معنی کا یہ بگڑا سا مقدر دیکھو
میلی ہو جائے نہ الفاظ کی چادر دیکھو

تم سنوارے تو چلے جاتے ہو شیشوں کے بدن
کسی جانب سے برس جائیں نہ پتھر دیکھو

یوں بڑھی جاتی ہے ناقدریٔ اسلوبِ نظر
ہیں پریشان نئی نسل کے آزر دیکھو

اک نجومی نے کہا اس میں چھپے ہیں ہیرے
میری مٹھی میں مگر ہیں ابھی کنکر دیکھو

میں روایاتِ فسردہ کا مجلّہ تو نہیں
مجھے اخبار کی مانند ہی پڑھ کر دیکھو

شمعِ افکار کی لَو تیز ہو کچھ اور ظہیر
سرد ہو جائیں نہ لفظوں کے سماور دیکھو

○

اسلوبِ نو بہ نو کے دسیلے تلاش کر
فکر و نوا کے اور ذخیرے تلاش کر

رمزِ حیات سے جو تجھے آشنا کریں
دانش کدوں میں ایسے صحیفے تلاش کر

نقطے کو دائرے کی امامت نصیب ہے
بے داغ، بے لکیر نہ کتبے تلاش کر

اک بار بحرِ فکر کی گہرائیوں میں جا
غرقاب ہیں جو فن کے سفینے تلاش کر

آزارِ زندگی سے جہاں مل سکے نجات
ایسے بھی خوابناک جزیرے تلاش کر

فرسودہ ہو کے رہ گئی ہر اصطلاحِ طنز
تو میرے واسطے نئے فقرے تلاش کر

محفوظ رہ گئے ہوں جو آشوبِ وقت سے
اِس عہد میں کچھ ایسے بھی چہرے تلاش کر

○

احتیاطِ دل و احساسِ نظر قاتل ہے
میری خاطر مرا کمرہ، مرا گھر قاتل ہے

آگ بن جاتے ہیں الفاظ وہی جلتے ہیں
غالباً میری دعاؤں کا اثر قاتل ہے

کبھی جس فن پہ مجھے ناز رہا ہے برسوں
اب اسی کا مرا ماحولِ ہنر قاتل ہے

گھیر لیتی ہے مجھے تھک کے جو رک جاؤں میں
یوں لگے ہے کہ یہی گردِ سفر قاتل ہے

میری آواز ابھی لوگ سنیں کیا، اس کی
کوئی آوازِ جرس، کوئی گجر قاتل ہے

قتل سامانیٔ ابہام سے پریشاں ہے ظہیر
کبھی اُس کی کبھی اپنی ہی نظر قاتل ہے

○

شہر کی جانب کوئی پانی کی چھاگل لے چلا
ساتھ اپنے گاؤں کے پنگھٹ کی ہلچل لے چلا

مَیں تو مدت سے تھا اپنے گھر میں بھی صحرا بدوش
اب مجھے کس دشت میں رنجِ مسلسل لے چلا

سب خیابانِ حال و مستقبل کے تم کو دے دیئے
اور ماضی کا، مَیں بے ترتیب جنگل لے چلا

رنگ و لفظ اُس کی کبھی تشکیل کر سکتے نہ تھے
ذہن کے آزر کدے سے میں جو ماڈل لے چلا

کون میرے ساتھ ہے، کیا وقت کا قاتل ہے وہ
شام کو جو گھر سے نکلا، مجھ کو ہوٹل لے چلا

لوگ مارے ڈر کے، اُس کے پاس تک جاتے نہ تھے
اب ہر انساں جسم میں دریا کی دلدل لے چلا

○

بھلا حیات کا پندار ٹوٹتا کیسے
جب اپنے پاؤں پہ اب تک کسی کا سر نہ رہا

یہ حادثہ تو کئی بار زندگی میں ہوا
خود اپنا جسم بھی جب اپنا ہم سفر نہ رہا

بلا سے شخصیت اس کی ہزار پہلو ہے
یہ آدمی تو کبھی اتنا معتبر نہ رہا

بھرے جہان میں کوئی تو مجھ سے یہ کہتا
مرے خلوص کا مسکن خود اپنا گھر نہ رہا

لہو کا شعلہ جو بھڑکا تو پھر بجھا نہ کبھی
یہ اور بات کہ ذہنوں پہ کچھ اثر نہ رہا

کسی کی سنگ زنی رکھ لے اپنی زد پہ مجھے
میں اپنے آپ سے اتنا بھی بے خبر نہ رہا

نجات دے مجھے احساسِ بے ثباتی سے
مری نظر میں کوئی ایسا حق نگر نہ رہا

تزئین یوں چمن کی ذرا کیجئے جناب
افسردہ شاخیں کاٹ دیا کیجئے جناب

اپنا ہی چہرہ آپ کو جو اجنبی لگے
الزام آئینے کو دیا کیجئے جناب

افکار کے جزیرہ کی آب و ہوا ہے خوب
کچھ دیر اس میں آکے رُکا کیجئے جناب

بڑھتی ہوئی فصیلِ سماعت تک آئیے
پتھر بھی بولتے ہیں سُنا کیجئے جناب

ماضی جو مر چکا مرے اندر اُسے ذرا
اک ماتمی لباس عطا کیجئے جناب

بکھرے ہوئے وجود کی ترتیب کے لیے
لمحوں کا احتساب کیا کیجئے جناب

ہے زندگی ہی میرے لیے حادثہ ظہیر
حق میں مرے نہ کوئی دعا کیجئے جناب

○

رہا میں جسم میں اور روح کا پتا نہ لگا
مجھے تو اس سے بڑا کوئی سانحا نہ لگا

ہوائیں گرم بہت ہیں، زمین بنجر ہے
یہاں شجر کوئی اب تک ہرا بھرا نہ لگا

ہر ایک گام پہ پیکر تھے خود فریبی کے
سب آشنا تھے مگر کوئی آشنا نہ لگا

ہمارے ہونٹ ہیں جلتی سلاخ پر گویا
یہ ذائقہ لبِ شیریں کا ذائقہ نہ لگا

اُسی کا ذکر مرے لب پہ بار بار آیا
جو آئینہ مجھے حساس آئینا نہ لگا

وہاں سے نکلیں گے حیران و مضطرب سائے
کسی غریب کے در پر کوئی صدا نہ لگا

گلوں کو تولتے ہیں آگ کی ترازو پر
مجھے تو آپ کا انداز جارحانہ لگا

○

کیا جذبۂ اربابِ وفا قتل ہوا ہے
اب ہر لبِ اظہار پہ آشوبِ نوا ہے

ایسا نہ ہو یہ چھین لے جذبوں کی حرارت
دیوار کا سایہ جو مری سمت بڑھا ہے

اُس جسم کو دیپک نہیں سورج ہی کہا جائے
جو تیز ہواؤں میں سرِ راہ جلا ہے

یوں بھی تو لہو تھوکنا تقدیر ہے اپنی
اچھا ہے ہر اک سنگِ صدا مجھ پہ چلا ہے

منھ پھیر کے کچھ دیر ٹھہر جاؤ تو اچھا
رستہ ہے نیا اور بہت تیز ہوا ہے

اُس کو بھی مری دوست نوازی پہ نہیں فخر
وہ شخص جو تا عمر مرے ساتھ رہا ہے

ہیں آگ بھی، پانی بھی ہوں، مٹی بھی، ہوا بھی
دُنیا کا خزانہ مرے جوہر سے بھرا ہے

○

کوئی قریب سے دیکھے تو انجمن سمجھے
نہیں تو مثل ہوا مجھ کو بے وطن سمجھے

لہو کا شعلہ وہ بن کر بھڑک اُٹھی آخر
ہم آفتاب کی جس درد کو کرن سمجھے

کوئی فنکار کا اب مسئلہ اُٹھائے کیا
جب آپ ہی مجھے ماتھے کی اک شکن سمجھے

کچھ ایسے لوگ بھی آئے دیارِ معنیٰ میں
قلم اُٹھانے کو اب تک جو فکر و فن سمجھے

ہمیں ظہیرؔ کٹھن راہ سے بھی گزرے ہیں
ہمیں سکون کا مطلب، نئی تھکن سمجھے

○

ترا کرم تھا کہ ہم اتنے خوش نصیب بنے
بغیرِ جُرم سزاوارِ صد صلیب بنے

عذابِ سخت ہے بس روز و شب ہمارے لیے
خوشی کہاں کی کہ ہم شاعر و ادیب بنے

مرے خلوص کے تحفے ضرور لے جانا
کبھی بسیط خلا کے جو تم نقیب بنے

ہزاروں آنکھیں یہی خواب لے کے سوتی ہیں
ہمارے سر پہ بھی چھت کوئی عنقریب بنے

یہ انتہا بھی مرے سر سے اب گزر جائے
مرا ہی سایہ مرے واسطے صلیب بنے

○

تمہارے جسم کو چھونے سے ڈر رہا تھا میں
لہک لہک کے مگر بات کر رہا تھا میں

دبا ہوا تھا تہِ خاک مدّتوں سے مگر
بہ فیضِ آب سڑک پر اُبھر رہا تھا میں

زمانہ سمجھا بلندی نہ راس آئی مجھے
فرازِ ذات سے نیچے اُتر رہا تھا میں

مرے وجود پہ نازاں تھے میرے گھر والے
ہوا کے ساتھ مگر خود بکھر رہا تھا میں

خیال و خواب کی دنیا عجیب ہوتی ہے
شراب پاس نہ تھی جام بھر رہا تھا میں

حدِ نگاہ تلک ایک تپتا صحرا تھا
تمہارے شہر سے شاید گزر رہا تھا میں

○

بجز اِس کے اور تو کیا اکتساب میں مِلتا
تمہارا نقش ہی دل کی کتاب میں ملتا
سمٹ کے تیرہ شبی بن گئی ہے پیکرِ صبح
یہ نور ورنہ کہاں آفتاب میں مِلتا
بچھا ہوا ملا اک ریگ زار دور تلک
یہی نصیب تھا، کیا اور خواب میں ملتا
خود اپنی ذات میں اک بحرِ بیکراں ہوں مَیں
مجھے تو کچھ بھی نہ جوئے کم آب میں ملتا
بھٹکتے رہنے کا انعام ہے یہ ورنہ کہاں
نئی تلاش کا جذبہ سراب میں ملتا
تمھارے نام جو بھیجا تھا سادہ کاغذ تھا
مَیں جانتا تھا مجھے کیا جواب میں ملتا
تری نظر ہی نہیں آشنائے فن، ورنہ
نیا شعور پُرانے نصاب میں مِلتا

○

اربابِ شہر مجھ کو نہ اتنا نواز یئے
میں وقت کے کھنڈر میں سکونت پذیر ہوں

نا آشنا ہوں رشتۂ آہنگ و صوت سے
خود آگہی کا اپنی میں تنہا سفیر ہوں

یہ لاکھ کوششوں پہ بھی شاید نہ بھر سکے
کشکولِ فن ہے ہاتھ میں پھر بھی فقیر ہوں

خود اپنی پستیوں پہ اُٹھی تھی کبھی نظر
زندانِ ارتقا میں ابھی تک اسیر ہوں

مجھ کو ملی ہے طبعِ الم آشنا ظہیر
شاید میں اپنے عہد میں پندارِ میر ہوں

مَیں اُسی نقطے کی تشریح سے لرزاں تھا بہت
جو مرے دائرۂ فن میں نمایاں تھا بہت

دیکھ چہرے پہ مرے بکھری ہے اب ریت ہی ریت
پہلے ہاتھوں کی لکیروں پہ مَیں نازاں تھا بہت

راس آیا مجھے اپنے ہی بدن کا محبس ،
" مَیں " کی تسکین کی خاطر یہی زنداں تھا بہت

دل پہ برسے نہ تھے آزار کے پتھر جب تک
میرے اندر بھی کوئی شخص غزل خواں تھا بہت

جب تری یاد بھی آئی نہ تھی دستک دینے
مضطرب کیوں مرا ہر تارِ رگِ جاں تھا بہت

وہی بجھتا ہوا شعلہ مجھے کہتا ہے ظہیر
گرمیٔ شعر پہ کل جو مری نازاں تھا بہت

یہ بے حساب ہے تو بے حساب پی جاؤں
میں اپنی پیاس کو مثلِ شراب پی جاؤں

کبھی بنیں یہ مرے واسطے اگر مشروب
تو حرف حرف میں سارے نصاب پی جاؤں

اداشناس نظر آئے اپنی زندہ دلی
میں اپنے ہاتھوں جو زہرِ شباب پی جاؤں

تقاضے بھی تو کرے مجھ سے سرد مہریِ وقت
سمجھ کے شعلۂ مے، آفتاب پی جاؤں

مری جبیں کو نم آلودہ تم نہ پاؤ گے
میں قطرہ قطرہ جو قہر و عتاب پی جاؤں

ظہیر پیاس کا پھر کوئی مسئلہ نہ رہے
میں ایک بار جو آبِ سراب پی جاؤں

○

لفظ تو بنتے رہے صدیوں سے جذبے کے خطوط
پھر بھی اتنے غیر مبہم تھے نہ چہرے کے خطوط

ٹوٹے بکھرے سے رہے مہندی لگے ہاتھوں کے خواب
گھر میں آئے ہی نہیں برسوں سے رشتے کے خطوط

کوندا گھٹتی ہے نئی برقِ نوا ہر ذہن میں
بول پڑتے ہیں جہاں میرے نوشتے کے خطوط

پہلے حرف وصوت کا عرفان ہونا چاہیے
پھر نظر آئیں گے سلجھے سلجھے لہجے کے خطوط

منتشر ہوتے رہے ہیں منتشر ہو جائیں گے
ہم بھی پڑھتے پڑھتے گرد آلود کتبے کے خطوط

دیکھتے ہی دیکھتے سب سنگ و آہن بن گئے
کیا مجلّے کے خطوط اور کیا صحیفے کے خطوط

○

حدیں خیال کی پھیلیں، حیات بڑھتی گئی
بقدرِ ظرفِ نظر کائنات بڑھتی گئی

اسے نہ کر سکا کوئی بھی دائروں میں اسیر
شعاعِ فکر مرے ساتھ ساتھ بڑھتی گئی

تمام شہر میں اب قحط ہے اُجالوں کا
سحر کی نیند نہ ٹوٹی تو رات بڑھتی گئی

نہ ہم خفا ہوئے اُس سے نہ ہم سے وہ ناراض
مگر تھی بات کچھ ایسی کہ بات بڑھتی گئی

رموزِ علم سے ہم آشنا ہوئے جتنے
ظہیرؔ اتنی ہی نقدِ حیات بڑھتی گئی

بنیادی شے کی جانب دونوں کے دل مائل تھے
ہم بھی صبر کے قائل تھے تم بھی ضبط کے قائل تھے

ریت کا ٹھنڈا بستر تھا اور سمندر کا ساحل
ڈوب رہا تھا پھر بھی دل اندر سے ہم گھائل تھے

قدروں، فکروں، لفظوں کی، بھیک نہ مانگی دنیا سے
وضع نرالی تھی اپنی ' کہنے کو ہم سائل تھے

اب تو تپتی دھوپ سے بھی کر لیتے ہیں دو دو ہاتھ
سنتا ہوں محلوں والے پہلے حور شمائل تھے

کیسے آتی سرد ہوا میرے کمرے تک لوگو
کتنے اونچے اونچے گھر اس کی راہ میں حائل تھے

یہ بھی میری قسمت تھی پتھر کھا کر پہنچا ہوں
تیرے در تک آنے کے یوں تو اور وسائل تھے

سب کے دل میں اترا ہوں حرف و صوت کے رستے سے
میری یار کتابیں تھیں میرے دوست رسائل تھے

○

راہ آسیب زدہ بھی ہو تو چلتے رہیے
اپنے حالات بہر گام بدلتے رہیے

جسم پتھر نہیں، احساس بھی فولاد نہیں
آگ بن جائے مقدر تو پگھلتے رہیے

وقت کی دھوپ جھلس دے تو دعائیں دے کر
لقمۂ شعلۂ انفاس نِگلتے رہیے

جان لیوا نے یک رنگیِ حالات اگر
رُخ ہواؤں کی طرح اپنا بدلتے رہیے

برگِ آوارہ تو ہے تند ہوا کا سفری
آپ شاخوں پہ اگر ہیں تو مچلتے رہیے

لوحِ ہستی پہ یہی لکھا ہوا پاؤ گے
جب خطرناک ہوں رستے تو سنبھلتے رہیے

خوف ناکی کے تو آسیب ہیں ہر سو، پھر بھی
گاہے گاہے سہی، گھر سے نِکلتے رہیے

کس نے کہا کہ پاؤں ارادوں کے تھک گئے
ہم تو برائے سیر ذرا چاند تک گئے

اسلوب نے جِلا دی، سنوارا شعور نے
جو بُت ہماری کاوشِ افکار تک گئے

الفاظ قیدِ ذہن سے باہر نہ آ سکے
کتنے خیال ذہن میں آکر سرک گئے

حیران ہوں مَیں وقت کی رفتار دیکھ کر
جو اس کے ساتھ چل پڑے اکثر بھٹک گئے

وہ پیکرِ خیال مرے کام آئے ہیں
جو اصطلاحِ درد کے آوے میں پک گئے

حق بات یہ ہے، ہم نہیں دل کے بُرے ظہیر
ہاں اختیار پا کے ذرا سا بہک گئے

خود اپنے آپ کو دُہرا رہا ہوں صدیوں سے
میں اپنی ذات سے تاریخ سازِ آدم ہوں

مرے سوا مجھے پہچانتا کوئی کیسے
جو منکشف نہ ہوا میں وہ رازِ آدم ہوں

خود اپنے حرف و صدا ہیں پیامِ مرگ مجھے
مجھے بچا لو میں نغمہ طرازِ آدم ہوں

مری حیاتِ وفا ایک پہلوئے تشکیک
خرابِ نفس سرشتِ مجازِ آدم ہوں

ظہیر قدر کرو میرے جذبۂ دل کی
کہ میں حکایتِ سوز و گدازِ آدم ہوں

دلوں میں اُٹھی ہے جاں سوز ہوک اب کے برس
ہر ایک لب پہ ہے لفظوں کی بھوک اب کے برس

تجھے میں تیرے بدن سے نہ لا سکا باہر
یہی ذرا سی ہوئی مجھ سے چوک اب کے برس

تمام راہیں شفا کی تو ہو گئیں مسدود
جو ہو سکے تو لہو اور تھوک اب کے برس

کہیں نہ چھین لیں ہم سے متاعِ حسنِ یقیں
برس پڑے ہیں جو وہم و شکوک اب کے برس

مجھے تو اب بھی ہے تجھ پر وہ اعتبار جو تھا
بدل گیا ہے ترا ہی سلوک اب کے برس

○

حادثوں کا سلسلہ دیوار و در تک آگیا
اپنے گھر سے چل کے جب وہ میرے گھر تک آگیا

سب تو اپنے جیسے چہرے والے لگتے ہیں یہاں
سنگ کس کے ہاتھ کا یہ میرے سر تک آگیا

وسوسوں نے مجھ کو گھیرا سنگ باری بھی ہوئی
کیا میں پھر جنت کے ممنوعہ شجر تک آگیا

جس کے ہر اعلان پر مصلوب کتنے ہو گئے
میں بھی اب اُس ایک لفظِ معتبر تک آگیا

جان لے، تیرے بدن پر بھی لگا داغِ سیاہ
تو اگر دانش ورانِ خود نگر تک آگیا

ہم نفاقِ لفظ و معنیٰ کے نہ تھے قائل مگر
مسئلہ بڑھ کر خطِ زیر و زبر تک آگیا

○

کاوش یہ کتنی قابلِ تعریف ہم نے کی
معنیٰ میں لفظ لفظ کے تحریف ہم نے کی

شہرِ سخن سے حُسن کے جنوں کی حکایتیں
دیکھو کہ اک صحیفے کی تالیف ہم نے کی

کہتے ہیں آپ جرم تو یہ جرم ہی سہی
ہاں اندمالِ زخم کی تکلیف ہم نے کی

گیسو و قد سے آپ کے، نسبت ملی اُسے
کوئی نئی کتاب جو تصنیف ہم نے کی

فن کار ہو کے فن سے بغاوت نہ کر سکے
ہاں ہر نئے خیال کی توصیف ہم نے کی

○

آخر ہم کو دیکھ کے سب نے رُخ اپنے کیوں پھیر لیے
ہم بھی تو اس بزم تک آئے لفظوں کا اک ڈھیر لیے

کالا ناگ جو بن کر ڈس لے، اس کا نام بھی ہے آدرش
کوچہ کوچہ لوگ پھرے ہیں اس جگ کا اندھیر لیے

حوصلہ ہو تو بزم میں آئے، کوئی ہماری پکڑے زبان
ہم نے تو سب جہتوں کے رُخ اپنی جانب پھیر لیے

اپنے ادب کو قید میں رکھے کوئی چھُپا کر، ہم کو کیا
بکتے ادب پارے ہم نے تو ردّی میں دو سیر لیے

میری بے رس باتوں پر اب کب تک کوئی کان دھرے
ذکر چھڑا اُس بہوشش کا تو سب نے مرنے تا دیر لیے

○

خوبیٔ قسمتِ محبوب کی باتیں کرلیں
کسی طالب ہی سے مطلوب کی باتیں کرلیں

دشتِ احساس یوں ہی تپتا رہے گا صدیوں
کیوں نہ ہم موسمِ مرطوب کی باتیں کرلیں

زندگی مرثیہ خواں ہونے لگی ہے اب تو
آؤ بیٹھیں کسی مصلوب کی باتیں کرلیں

خشکیٔ ذہن طراوت تو ذرا پا جائے
راہ میں پھیلی ہوئی دُوب کی باتیں کرلیں

نطق ولب کے یہ وسیلے تو میسّر ہیں ہمیں
پھر نہ کیوں کاتب و مکتوب کی باتیں کرلیں

وہ کنائے، وہ اشارے، وہ ادائیں اُن کی
آج ہم یارِ خوش اسلوب کی باتیں کرلیں

○

اساسِ عمر کیا فکرِ معاش و زر پہ رکھی تھی
تھکن صدیوں کی، میرے پُرشکن بستر پہ رکھی تھی

غبار آلودہ چہرہ دیکھ کر سب ہٹ گئے مجھ سے
وطن کی خاک میں نے احتراماً سر پہ رکھی تھی

بدن تھا چُور زخموں سے، لہو آنکھوں میں تھا لیکن
نظر میں نے تمہارے ہاتھ کے پتھر پہ رکھی تھی

مری نظروں سے پڑھ کر کون بازاروں میں لے آیا
کہانی میری قسمت کی تو میرے دَر پہ رکھی تھی

یہ کل کی بات ہے لیکن ابھی کی بات لگتی ہے
میں بے بس تھا تو پیشانی کسی کے دَر پہ رکھی تھی

ظہیرؔ اب تک کوئی سمجھا نہیں کس واسطے میں نے
قلم شعلوں پہ رکھا تھا غزل پتھر پہ رکھی تھی

○

نظر آئی نئے اسلوب کی اک جلوہ گری
میں نے تخئیل سے الفاظ کی جب مانگ بھری

پتھروں ہی کے پجاری نظر آتے ہیں یہاں
ایسے ماحول میں ممکن ہی نہیں شیشہ گری

غم و آلام کا مسکن ہے مرا خانۂ یاس
اِس کھنڈر میں تو کہاں آئی نسیمِ سحری

ہم اُس ارکان و عوامل کے جہاں میں پہنچے
جہاں محسوس ہو شعلوں میں بھی شبنم کی تری

بے ثباتی نے ظہیرؔ اتنا کیا ہے معدوم
ڈھونڈتی ہے مجھے خود میری پریشاں نظری

○

زمانے سے نئی پہچان لیں گے
ادب کا ہم نیا عرفان لیں گے
نظر رکھتے ہیں ہم اہلِ نظر ہیں
تمھیں ہر رنگ میں پہچان لیں گے
خرد پر بھی تو اپنا بس نہیں ہے
جنوں کی بات کیسے مان لیں گے
بنا ڈالیں گے ہر ذرّے کو سورج
اگر ہم دل میں اپنے ٹھان لیں گے
ندی کے بھاؤ رل جائے تو چل کر
کوئی بکتا ہوا دیوان لیں گے
مَیں آنسو پی رہا ہوں اس لیے بھی
مری دشواریاں سب جان لیں گے

○

خوابوں کی ٹوٹی بکھری سی دُنیا ہے میرے ساتھ
مَیں ہوں، مِری حیات کا نوحہ ہے میرے ساتھ

مَیں بِکھر گیا ہوں اپنے ہی لوگوں کی بھیڑ میں
یا دشت کی ہَواؤں کا جھونکا ہے میرے ساتھ

اک قتل اور دوسرا روپوش ہو گیا
اب صِرف ایک تیسرا چہرا ہے میرے ساتھ

تقسیم ہو گیا ہوں مَیں کچھ اس حساب سے
اب چند ہندسوں کا تماشا ہے میرے ساتھ

بے ربط و بے نیاز سا لگتا ہے اِن دنوں
یہ جسم ہے کہ جسم کا چربا ہے میرے ساتھ

کتنے حصار، کتنی فصیلیں ہیں جا بہ جا
پھر بھی فریبِ وسعتِ دُنیا ہے میرے ساتھ

خوش آمدید کہتی ہے ہر موڑ پر صلیب
کیا جانے کیا صلیب کا رِشتا ہے میرے ساتھ

ہزاروں رنگوں میں اپنا لہو دکھائی دیا
مَیں جس دکانِ ادب کے قریب ٹھہرا ہوں

مجھے دکھاؤ نہ آئینۂ شعور و نظر
دیارِ فن میں خود اپنا رقیب ٹھہرا ہوں

مرے وجود سے انکار کر نہیں سکتے
حیات و وقت کا مَیں بھی نقیب ٹھہرا ہوں

لہو کے شعلوں میں تپ کر نکھر گیا ہوں مگر
ظہیرؔ پھر بھی بڑا بدنصیب ٹھہرا ہوں

○

اب آئیے حیات کو خانوں میں بانٹیے
پھر کچے پکے لاکھوں مکانوں میں بانٹیے

کاغذ جب اپنے خون سے رنگیں بنا چکیں
نام اس کا شعر رکھ کے دکانوں میں بانٹیے

کچھ لوگ جو کھڑے ہیں جمائے ہوئے قدم
بہتر یہی ہے ان کو چٹانوں میں بانٹیے

منزل رسی کے فیض سے محروم ہم سہی
لیکن ہمیں نہ راہوں کے خانوں میں بانٹیے

افکار جمع کر کے نیا رکھ کے کوئی نام
بے شرط سارے بیچ مدانوں میں بانٹیے

فکر و صدا کے شہر کا دیوانہ ہے ظہیر
اس کے نکات آپ بیانوں میں بانٹیے

○

خیال و جذبہ کی ترکیب کچھ عجب سی ہے
غزل کدے میں یہ تقریب کچھ عجب سی ہے

تمام لفظ ہیں پتّے اُداس جنگل کے
نئے نصاب کی ترتیب کچھ عجب سی ہے

میں ریزہ ریزہ ہوں خود کو سمیٹنا ہے مجھے
مگر ہواؤں کی ترغیب کچھ عجب سی ہے

مرے شعور پہ ہوتی رہی ہے سنگ زنی
ترے دیار کی تہذیب کچھ عجب سی ہے

وہی قصیدۂ دوراں، وہی حکایتِ دل
یہ بات الگ ہے کہ تشبیب کچھ عجب سی ہے

بچے شیر خوار، جواں ہیں، ضعیف بھی ہوں گے
پئے حیات یہ تخریب کچھ عجب سی ہے

مکانِ شوق کی تعمیر اور اہلِ خرد
یہ سنگِ فکر کی تنصیب کچھ عجب سی ہے

○

آنے والے نئے موسم کے نگہبان بنے
برگِ احساس و تمنا کی ہمیں جان بنے

اَن گنت لوگ رہِ حرف و صدا سے گزرے
فرق اتنا ہے کہ ہم وقت کی پہچان بنے

کہیں کٹتی ہیں شعاعیں بھی زباں کی صورت
کوئی اتنا بھی نہ اس دَور میں نادان بنے

کالے ہیرے کے اسی دیس میں رہ کر ہم بھی
سنگ ریزوں کی طرح بِکنے کا سامان بنے

اب خیالوں کے سمندر میں بڑی ہلچل ہے
کوئی جھونکا نہ تری یاد کا طوفان بنے

پا کے الفاظ کوئی جذبہ مرے ہونٹوں پر
چیخ بن جائے کہ دل چسپ سی مُسکان بنے

اپنا دعویٰ ہے تو کچھ ہو گی حقیقت بھی ظہیرؔ
"عظمتِ زیست کے ہم لوگ نگہبان بنے"

○

محبوس ہو گیا تھا جب اپنے بدن میں تھا
بکھرا تو میں خلاؤں کی ہر انجمن میں تھا

سایوں میں پل رہی تھی نئی تابشِ حیات
جب تک ہمارے ذہن کا سورج گہن میں تھا

بے گھر تھا، بے لباس تھا، بے مایہ تھا، مگر
مجھ کو خوشی یہ تھی کہ میں اپنے وطن میں تھا

تھا برگِ خشک بھی ہمیں اک درسِ تازگی
کب تھا ملال ہم کو جو پت جھڑ چمن میں تھا

ہنگامہ خیز بن گئیں خاموشیاں مری
جوہر نہ جانے کیا مرے دیوانہ پن میں تھا

○

عشق میں کچھ ضبطِ گریہ چاہیے
موم سا اک نرم جذبہ چاہیے

جیسے دستک دے درِ گل پر صبا
ایسا ہی معصوم لہجہ چاہیے

حُسن کی نیرنگیاں تو کم نہیں
ہاں طبیعت کچھ شگفتہ چاہیے

خلد بن سکتی ہے پتھر کی زمیں
زندہ رہنے کا سلیقہ چاہیے

غم کے پتھر کھا کے زخمی ہو چکا
گیسوئے راحت کا سایہ چاہیے

عظمت و توقیرِ انساں کے لئے
پھر وہی بے لوث جذبہ چاہیے

جس پہ اپنا نام میں لکھ دوں ظہیر
مجھ کو وہ لوحِ شکستہ چاہیے

○

چہرہ مت پڑھ چہرہ تو نقال ہے
دیکھ اندر سے مرا کیا حال ہے

مجھ کو چھو کر جل نہ جائے کوئی ہاتھ
جسم میرا آتشِ سیال ہے

خوب صورت سا جنازہ ہے بدن
روح کا پیکر بہت پامال ہے

ساحلِ احساس پر ہے گرم ریت
بحرِ حرف و لفظ ٹھنڈا اتھال ہے

خواب شیشوں کی طرح ٹوٹا کیے
زندگی کتنی پریشاں حال ہے

برف کی ساری جلن پی جائے گی
اس کے شانوں پر جو اونی شال ہے

ذہن اڑتا ہے خلاؤں میں ظہیرؔ
جسم کے چاروں طرف پاتال ہے

○

یہ شانِ ستم ہے تو مجھے اور سزا دو
پھونکوں سے مرا شعلۂ احساس بجھا دو

میں آزرِ فن ہوں مجھے تکلیف نہ ہوگی
ہر سنگِ صدا کو مری دہلیز دکھا دو

نفرت کا اندھیرا ہے ہر اک جسم کے اندر
یہ وقت ہے قندیل محبت کی جلا دو

مانا کہ ہوں پوشیدہ ابھی راکھ کے نیچے
میں پھر سے بھڑک اٹھوں گا، دامن کی ہوا دو

اچھا نہیں اس عہد میں اب ٹوٹ کے رہنا
دریا کو بہر حال سمندر سے ملا دو

بالیدہ نگاہی کا تقاضا بھی یہی ہے
اب وقت کی آواز میں آواز ملا دو

بدلے ہوئے ماحول پہ رکھو نگہہِ خاص
ہر جذبۂ ناقص کو تہِ خاک دبا دو

○

کوئی پہچانے مجھے اپنا ہی سایہ ہوں میں
یہ کرشمہ ہے کہ اس عہد میں زندہ ہوں میں

پہلے میں خود کو سمیٹوں کہ ترے ساتھ چلوں
اپنے قدموں ہی سے لپٹا ہوا ذرّہ ہوں میں

ہو سکی مجھ سے نہ حد بندیٔ افکار و نظر
ڈھیر میں لفظوں کے سمٹا ہوا جذبہ ہوں میں

کبھی شعلہ، کبھی سورج، کبھی تابندہ چراغ
دہر میں اب بھی شعاعوں کا وسیلہ ہوں میں

آگ سے کھیلتا آیا ہوں تو جلنا کیسا
کیوں مجھے لوگ سمجھتے ہیں فرشتہ ہوں میں

مجھ سے مانگے نہ سمندر کا وہ پھیلاؤ ظہیر
ریت کی تہ میں دبا سا کوئی چشمہ ہوں میں

○

ہیں یہاں لفظ و معانی کے سکندر کتنے
فن کی قدروں پہ مگر ہوں گے نچھاور کتنے

سوچتے رہ گئے ہم ان میں ابال آئے گا
بجھ گئے یوں بھی امیدوں کے سماور کتنے

میں نہ پہنا سکا پیراہنِ الفاظ انھیں
ہوئے جذباتِ برہنہ تو نچھاور کتنے

اپنی تکمیل کا جذبہ ہے تہی سامانی
مجھ پہ کھلتے ہی چلے جاتے ہیں شاور کتنے

کبھی پہنچے نہیں اک قطرۂ خوں کی تہ تک
یوں تو ہر موڑ پہ ملتے ہیں شناور کتنے

ٹوٹنے گرنے بکھرنے کا کریں کیا ماتم
ڈوبتے اور نکلتے رہے خاور کتنے

کوئی قزاقِ ادب راہزنِ فکر سہی
ہم رہِ شوق میں دیکھو ہیں دلاور کتنے

○

کتابِ شوق میں ہیں ایسے باب چاروں طرف
کہ لوگ کرتے رہیں اکتساب چاروں طرف
کوئی پیمبرِ حق کیا زبان کھولے گا!
کہ چل رہی ہے ہوائے عتاب چاروں طرف
وہ گرد گرد رہے گا تلاش میں میری
میں پھیل جاؤں گا مثلِ سراب چاروں طرف
سمندروں سے تو بھیگی نہ میری پیاس کی ریت
یہ سر پہ کیوں ہیں سحابِ کم آب چاروں طرف
میں اپنی ذات کی کس تہ میں منتقل ہو جاؤں
کھلے ہوئے ہیں درِ انتخاب چاروں طرف
کبھی تو غور کرو، میرے خوں شدہ جذبے
بکھیر دیتے ہیں کتنے گلاب چاروں طرف

○

روایتوں کے حجاب اب اُٹھاؤ چہرے سے
جھلک اُٹھے نئے جلوے نئے دریچے سے

ہر اک ادائے جنوں پر کڑی نظر ہے مری
میں بے نیاز نہیں زندگی کے رشتے سے

کرن تراش لوں کوئی، نئی سحر کے لئے
مجھے بس اتنا ہی مطلب ہے آبگینے سے

مرے لئے نئے افکار لے کے آئے کوئی
نکل چکا ہوں میں اب حادثوں کے نرغے سے

ادب تھا ان میں بھی لیکن وہ قید خانہ گراں
پڑھے ہیں میں نے جو کاغذ اٹھا کے رستے سے

ہے ایک پھول سے وابستگی کا یہ انجام
کسی نے جوڑ دیا رشتہ میرا کانٹے سے

حیات اور گراں بار ہو گئی اُن پر
جو لے کے ہاتھ میں پتھر لڑے ہیں شیشے سے

○

پوشیدہ سرزمینِ مہ و اختر کے شہر میں
شیشوں کے کچھ مکان سمندر کے شہر میں

ملتے ہیں پتھّروں میں فن و فکر کے نشاں
ہم آگئے ہیں کیا کسی آذر کے شہر میں

تصویر بن گیا تھا ذرا اپنے شہر کی
دُنیا مرے خلاف ہے باہر کے شہر میں

احساس کی فصیل بھی مجروح سی لگی
شاید میں آگیا کسی پتھّر کے شہر میں

میرے بدن پہ سانپوں کی یلغار ہے ابھی
اک دن پناہ لی تھی صنوبر کے شہر میں

لاشیں علامتوں کی، ممی حرف و صوت کی
رکھّی نہ جائیں آج سخن وَر کے شہر میں

محرومیوں کی کوئی مثال اور دو ظہیر
جینا پڑا ہے مجھ کو مقدّر کے شہر میں

○

مضطر ہیں لوگ، وقت ہے خاص امتحان کا
تنہا میں غم سمیٹ لوں سارے جہان کا

میرے لہو کے چھینٹے کہاں تک پہنچ گئے
کچھ آتشیں سا لگتا ہے رنگ آسمان کا

بس خدمتِ ادب کا یہیں اختتام ہے
چٹخارہ لوگ لیتے ہیں میری زبان کا

قائل ہوئے نہ سختیٔ منزل کے ہم کبھی
اندازہ کیجئے نہ ہماری تکان کا

میری وفا کا اب نہ کوئی مول یوں کرے
انسان ہوں میں، نہیں ہوں کھلونا دکان کا

مجھ کو نہیں ہے علم، خطا مجھ سے کیا ہوئی
ہونے لگا محاصرہ میرے مکان کا

○

ہوں اپنے لفظ و مطالب کے خود ہی چہرے فق
اب اس طرح بھی نہ پھوٹے علامتوں کی شفق

حیاتِ نو کے مضامیں ہیں صاف و سادہ مگر
تمہارے ذہن و نظر تک پہنچ کے ہوں گے ادق

وہ عہد آیا شعاعیں بھی گرد گرد ہوئیں
کبھی ہوئے نہ تھے یوں آئینوں کے چہرے فق

مرے کمال کی کب قدر کی زمانے نے
ہیں بکھرے بکھرے سے اب تک کتابِ فن کے ورق

امین ہے نئی نسلوں کا خود ہی میرا وجود
مرے جنوں نے دیا ہے پیمبری کا سبق

سپنولے پالنے والے یہ جانتے ہیں ظہیرؔ
کہ کس کے واسطے محفوظ ہوگا زہر کا حق

○

درد اگر پھیل کے آنگن بن جائے
گھر مرا، خود مرا دشمن بن جائے

رائج الوقت روایت ہو تو، قدر
ٹوٹ جائے تو ابھاگن بن جائے

آڑی ترچھی سی لکیریں کب تک
اب ہتھیلی مری درپن بن جائے

میرا سایہ مرا قاتل ہی سہی
دھوپ میرے لیے مسکن بن جائے

رُوح جھلسے تو ہوائیں مہکیں
جسم اگر پگھلے تو رَوغن بن جائے

ہے یہ تہذیب کی شرطِ اوّل
آدمی شیخ و برہمن بن جائے

○

صلیبِ روح کا رِشتا مری تلاش میں ہے
ابھی خود اپنا ہی نوحا مری تلاش میں ہے

فراتِ نیل کی گہرائیوں میں اُترا ہوں
مگر ابھی تری گنگا مری تلاش میں ہے

اُتر کے دیکھا ہے خود آپ اپنے اندر بھی
ہوائے وسعتِ صحرا مری تلاش میں ہے

رَوا نہیں کہ اُجالوں کا مرثیہ لکھوں
سُلگتے لفظوں کا چہرا مری تلاش میں ہے

مری صدی کا کوئی حادثہ بڑا نہ سہی
مَیں دب گیا ہوں تو ملبا مری تلاش میں ہے

کہیں یہی تو نہیں میری زندگی کا صِلہ
مِٹا مِٹا کوئی کتبا مری تلاش میں ہے

کوئی صدا مری تکمیل پا سکی نہ ظہیرؔ
ہر ایک خوں شدہ جذبا مری تلاش میں ہے

○

وہ میرے سامنے اسے لعنت بتائے گا
نخلِ سخن کو وجہِ ہلاکت بتائے گا

وہ عہد آ گیا کہ سِلے ہونٹ کھُل گئے
اب وہ بھی مجھ سے اپنی ضرورت بتائے گا

جب مِل چکے گا جسم مرا خاک و آب میں
ہر لفظ میرا، مجھ کو سلامت بتائے گا

قائل کرے گا وہ مجھے ہر اعتبار سے
راحت کو درد، درد کو راحت بتائے گا

شاخِ شجر کہوں گا تو وہ ہنس پڑے گا پھر
پتھر کو زندگی کی علامت بتائے گا

کاغذ کے ٹکڑے، ٹوٹے سبو، آدھ جلے سگار
اب کون ہے جو میری حقیقت بتائے گا

جب منجمد سا ہونے لگے گا بدن ظہیر
موسم کی خود وہ مجھ کو حرارت بتائے گا

○

وقت ہر پھول کا اب رنگ اُڑا دے گا کیا
باغِ ہستی کو نئی آب و ہوا دے گا کیا

آئینے ہوں گے جب احساس و نظر پر غالب
کوئی پتھر کے تراشوں کو جِلا دے گا کیا

دانش و فہم کا فُقدان زمانے کے لیے
میرے الفاظ کو بے رُوح بنا دے گا کیا

ہر شکن ماتھے کی بن جائے صحیفہ تو وہ شخص
اپنے اندر کی حقیقت بھی بتا دے گا کیا

سانس کے ربط سے بیگانہ سا ہو جانے پر
کوئی لمحہ نہ کبھی مجھ کو صدا دے گا کیا

آؤ سوچیں کہ جو طوفان اُٹھا ہے وہ ہمیں
کشتیِ نوح سے لے جا کے مِلا دے گا کیا

بس اِسی خوف سے لرزاں ہے ظہیرؔ اپنا وجود
شعلۂ لفظ مرے ہونٹ جلا دے گا کیا

○

شعور و فکر کا ورثہ اسے کہا جائے
قلم کو اپنی حفاظت میں رکھ لیا جائے

معاملہ ہو اگر اپنی آزمائش کا
دہکتے شعلوں پہ بھی ہاتھ رکھ دیا جائے

بہت طویل سفر ہے خلا سے تا بہ خلا
نہیں ذرا سا بھی سایہ کہاں رُکا جائے

فروغِ فکر کی خاطر لہو کی بوندوں کو
بنا لے برق کہ احساس جگمگا جائے

شعورِ ذات بہت دن سے گرد گرد سا ہے
اس آئینے کو نہ خود اس کا زنگ کھا جائے

یہاں کی آب و ہوا میں تپش بہت کم ہے
یہ سوچتا ہوں ظہیرؔ اب یہیں رہا جائے

○

گزری ہے میرے پاس سے جو صف بہ صف ہوا
آخر کسے بنائے گی اپنا ہدف ہوا

بے رحم ساعتوں سے نبرد آزما ہے کون
برگِ شجر کا پیٹتی پھرتی ہے دف ہوا

گرد و غبار، سوکھے ہوئے پتے، خار و خس
کیا کیا اچھال دیتی ہے میری طرف ہوا

میں بھی سکھا سکوں کبھی سیلا ہوا بدن
بخشے مری حیات کو بھی وہ شرف ہوا

تھے کتنے خلفشار نگاہوں کے آس پاس
دیکھا نہ میں نے، آئی تھی ساغر بکف ہوا

ٹوٹیں نہ میرے خواب نوا اتنا ضرور ہو
بن جائے میرے واسطے لعل و صدف ہوا

○

لِکھّو اک فقرہ کوئی، رکھو ( )
کہدو، یہ نظم مکمل ہے جنابِ عالی

منتظر تھی کہ کوئی چھو دے تو پتھر ہو جاؤں
چاند کی دیوی (جسے کہتے ہیں چرخے والی)

کتنے چہروں کے تبسم میں نظر آتی ہے
کوٹ کے نیچے چھپا رکھی ہے جو پامالی

فاحشہ سا لگا خود آئینہ اپنا مجھ کو
ایک تنقیدی نظر اس پہ جو مَیں نے ڈالی

میرا رومال تری یاد دلاتا ہے مجھے
جس میں محفوظ ہے اب تک ترے لب کی لالی

نکلے ہوٹل سے وہ جب، دوڑ کے ہاکر آیا
اک رسالہ کے لیے جیب مگر تھی خالی

سخت حالات میں کھا جاتی ہے یہ فکرِ ظہیرؔ
کہیں دامن مرا کھینچے نہ مری خوش حالی

○

ہزار چہروں میں تھا التفات کا شیطان
ہمیں نہ چھوڑ سکا اپنی ذات کا شیطان

لہو سے میرے جو لکھوا رہا تھا قصّہ مرا
کہاں چلا گیا دن میں وہ رات کا شیطان

سُلگ سُلگ کے ہوا راکھ میرا جذبۂ خیر
جُدا نہ مجھ سے ہوا خواہشات کا شیطان

نہ دُور کردے رہِ عاقبت پرستی سے
لگا ہے پیچھے جو یہ اک حیات کا شیطان

الاؤ کتنے تہِ خاک دب گئے لیکن
ابھی ہے شعلہ صفت کائنات کا شیطان

کبھی نہ سوچ کی چوکھٹ پہ یہ گماں گزرا
بنے گا اپنا قلم تجربات کا شیطان

○

چنچل شوخ سلونی کومل ٹھنڈی اور گلابی دھوپ
صبح کو میری چھت پر ناچے اور رنگے عنابی دھوپ

اپنی نظر کے آئینے میں عکس کوئی محفوظ نہیں
کوچہ کوچہ لے کے پھری ہے چہروں کی شادابی دھوپ

اس موسم کی سرشاری پر کردو جسم و جاں قرباں
کیا جانے جب بدلے کلنڈر کیا کیا لائے خرابی دھوپ

سورج کی ایک ایک کرن میں سوز تپش جولانی ہے
تیرے عارض پر بکھری نو اور ہوئی شہابی دھوپ

افسردہ دریچے، بجھتے چہرے، سوکھے پھول
میرے گھر میں چھوڑ گئی ہے کیا کیا خانہ خرابی دھوپ

نیلا سمندر پھیلا ہوا ہے چاروں دِشا میں میرے لیے
مانگ کے سورج سے لائی تھی بے چینی بے خوابی دھوپ

تیرے آنچل کا سایہ تو سر پر میرے لہرائے
میرے لیے بن جائے گی خود مہتابی مہتابی دھوپ

○

تن میں نشتر من میں آگ

جلتے گھر سے باہر بھاگ

کم عمری کا ہر بیراگ

کوملتا کے جسم پہ ناگ

جا، صحرا میں بیٹھ کر اب

سُن تارہ پَت جھڑ کے راگ

ذہن اُگلتا ہے شُعلے

کس دے پھر بوتل پر کاگ

تن اُجلا من میلا ہے

اب کاشی جا یا پریاگ

کٹ جاتے ہیں یوں رِشتے

لُٹ جاتے ہیں جیسے سُہاگ

راتیں، نیندیں، بستر، خواب

شعر و غزل کی خاطر تیاگ

ساتھ لفظوں کے بے تکان اُڑے
کسی پنچھی کے ہم سمان اُڑے

پاؤں کے نیچے سے زمیں نکلے
سر کے اوپر سے سائبان اُڑے

سر اُٹھاؤں تو سر قلم ہوجائے
لب ہلیں تو مری زبان اُڑے

تازگی اُڑ گئی زخموں کی یوں
کسی قینچی کی جیسے سان اُڑے

لفظ ہوں تو ڈھلیں نئے جذبے
ہاتھ میں ہو دھنش تو بان اُڑے

اب زمیں تنگ ہے مکیں کے ساتھ
خود خلاؤں میں ہر مکان اُڑے

ہم سفیری کہاں نصیب ظہیر
آپ شاہین کی اُڑان اُڑے

○

مجھ کو اُفتادِ ہنر بھی معلوم
آپ کا حسنِ نظر بھی معلوم

دشت بھی روتے ہیں سناٹوں میں
خون اُگلتی ہے سحر بھی معلوم

شہرِ فن میں جو روا ہیں اب تک
مجھ کو وہ بدعت و شر بھی معلوم

شہرتِ خالقِ دُنیا کے سوا
مقصدِ نوعِ بشر بھی معلوم

جلتے لمحوں کا تعاقب کیوں کر
جبکہ انجامِ شرر بھی معلوم

کوئی آیا نہ گیا ہو جس سے
مجھ کو وہ راہ گزر بھی معلوم

○

مرے لیے نئے حساب رکھ
حقیقتوں کے ساتھ خواب رکھ

اگر تو آگ بن چکا ہے خود
تو سر پہ اپنے آفتاب رکھ

بدن پہ پتھروں کی چوٹ سہہ
زباں پہ طنز کے جواب رکھ

شعور کی نہ پیاس بجھ سکے
نگاہ میں کوئی سراب رکھ

زمانہ ہے جنوں نواز اگر
تو سنگ و خشت اُٹھا کتاب رکھ

نہ زخم دیکھ، میرے واسطے
کچھ اور سنگِ احتساب رکھ

قلم کو بانسری کی دے نوا
ہر ایک لفظ میں رباب رکھ

○

میری پلکوں پر بہت ٹوٹے مگر
آج بھی آباد ہیں خوابوں کے گھر

بے بضاعت ہو گئی سعیِ عمل
بے سر و ساماں ہیں اربابِ نظر

اک ذرا کی تھی جو اپنی جستجو
ہو گیا مشہور میں شوریدہ سر

خون کے قطرات ٹپکے شعر سے
مل گئی جب مجھ کو معراجِ ہنر

رات کو الفاظ کچھ ایسے سمیٹ
کروٹیں لے سطحِ کاغذ پر سحر

جس قدر پُر پیچ ہوں رستے ظہیرؔ
اُتنا ہی دلچسپ ہوتا ہے سفر

کیسے دشتِ پُرخطر میں لے چلا
خود کو میں اندھے سفر میں لے چلا
وقت کالی ریت میں ہو جائے دفن
میں تھکے احباب گھر میں لے چلا
زخم خوردہ ساعتوں کا سلسلہ
پھر اذیت کے نگر میں لے چلا
شام کی تفریح بھی بے کیف تھی
دردِ دُنیا کا میں سر میں لے چلا
مجھ کو اپنے ساتھ ہستی کا سراب
کس سلگتی رہ گزر میں لے چلا
مجھ کو پھر ذوقِ ہنر میرا ظہیر
کوچۂ اہلِ ہنر میں لے چلا

○

سانس لینے کو فضائیں دینا
بے خطا ہوں نہ سزائیں دینا

میرے حالات پہ رکھ کر نظریں
مجھے جینے کی دُعائیں دینا

سُن سکے میرے علاوہ نہ کوئی
اس تکلف سے صدائیں دینا

جلتے لمحوں کو اگر ممکن ہو
شبنمی، سرد ہوائیں دینا

اب ہوس کار نگاہوں کو کبھی
پھول جیسی نہ قبائیں دینا

عہدِ تخریب کے انسانوں کو
امتیازی سی ادائیں دینا

○

متاعِ غم جو ہات آگئی
تو بس میں کائنات آگئی

درِ خیال جب بھی کھل گیا
ہوائے شش جہات آگئی

خلاؤں میں اسے اچھال دے
زبان پر جو بات آگئی

کھلی تھی جب تک آنکھ، دن رہا
میں سو گیا تو رات آگئی

چلا تھا چند گام ہی ابھی
کہ حدِ ممکنات آگئی

لہولہان ہو گئی خوشی
کبھی جو میرے سات آگئی

حدِ تعینات سے پرے
کہاں غزل کی بات آگئی

ہے سنگلاخ زمیں لخت لخت ہیں جوتے
مری طرح ہی مقدر کے سخت ہیں جوتے

کہیں یہ اور جو ہوتے تو بے اماں رہتے
ہمارے پاؤں میں تو نیک بخت ہیں جوتے

جو نم ہو راہ تو کچھ سامعہ نواز بنیں
ابھی تو وجہِ صدائے کرخت ہیں جوتے

یہ مسئلہ ہے اہم اہلِ فکر و فن کے لیے
برائے پائے سلیماں بھی تخت ہیں جوتے

وقارِ راہ بھی ہیں جستجو کی عظمت بھی
ہمارے عہد میں توضیحِ بخت ہیں جوتے

نیاز مند ہیں رکھتے ہیں خم جبیں اپنی
ظہیر ورنہ مزاجاً تو سخت ہیں جوتے

○

راہ میں کیا بہک گیا ہوں میں
چلتے چلتے تو تھک گیا ہوں میں

تجھ میں اپنی ہی خوبیاں پا کر
تیری جانب سرک گیا ہوں میں

اب بدن میں سمیٹ لو مجھ کو
اک نظر میں چمک گیا ہوں میں

رات کی ضد ہے ساتھ دوں اُس کا
جسم کہتا ہے تھک گیا ہوں میں

دشتِ الفاظ و فکر میں اکثر
بن کے کوندا لپک گیا ہوں میں

مَیں نے یوں بھی اذیّتیں جھیلیں
سائے سے دھوپ تک گیا ہوں میں

چھوڑ کر حصّہ میر و غالبؔ کا
ساغروں سے چھلک گیا ہوں میں

ہم نے کی رہ نمائی مگر اب ہمیں گردِ رہ کے حصاروں میں گم ہو گئے
کر کے روشن یقیں کے کنول جا بجا مصلحت کے غباروں میں گم ہو گئے

ہم ہیں اہلِ جنوں ہم نے تہذیب دی عقل و ادراک کے کتنے اصنام کو
اب نئی اصطلاحوں کی اس دوڑ میں اجنبی سے دیاروں میں گم ہو گئے

حسنِ تخلیق کی سحر انگیزیاں عشوہ و ناز پر تیرے قرباں ہوئیں
کتنے افکارِ شائستہ و دل نشیں تیرے مبہم اشاروں میں گم ہو گئے

وقت کی نبض پر ہاتھ میرا رہا، زندگی میرے شانہ بہ شانہ چلی
دیکھتے دیکھتے نو بہ نو تجربے فکر کے تیز دھاروں میں گم ہو گئے

سرزمینِ غزل کی یہ رعنائیاں فکر کے یہ شگفتہ کنول
کل جو گلشن بناتے تھے ہر دشت کو آج اپنی بہاروں میں گم ہو گئے

بات تائید کی ہے نہ تردید کی، اک حقیقت ہے تسلیم کیجیے
آپ جن استعاروں کے خالق بنے خود انھیں استعاروں میں گم ہو گئے

آج کی قدر کے پیکرِ بے نوا، کل کی قدروں کا کیا ساتھ دیں گے ظہیر
دیکھتے دیکھتے خود مرے سامنے کتنے طوفاں کناروں میں گم ہو گئے

اسی زمین پہ اب تک میں بے مکان رہا
بس آسماں کا مرے سر پہ سائبان رہا

تلاشِ حق میں نکلتا جو گھر سے، کیا ملتا
جب اپنی ذات کا بھی کچھ مجھے نہ گیان رہا

ہوں مرتسم تو کہیں میرے تجربوں کے نقوش
میں اس کی سعی میں کتنا لہو لہان رہا

کسی نے سوچا نہیں آذروں پہ کیا گزری
بُتِ شکستہ پہ تو ہر کسی کا دھیان رہا

اکیلا چھوڑ گئے لوگ مجھ کو صحرا میں
ہوا کی زد پہ مرے جسم کا مکان رہا

مزاج بدلا بہت ساتویں دہائی میں
مگر وہ شخص مرے فن سے بدگمان رہا

مجھے سمجھ نہ سکا کوئی شہرِ فن میں ظہیر
میں لفظ نئی فکر کی دُکان رہا

○

نظر وروں میں رہے ہم ہنر وروں میں رہے
بڑے وقار کے ساتھ اپنے ہم سروں میں رہے

شکستگی ہی مقدر رہی، مگر ہم لوگ
بکھرتے ٹوٹتے لمحوں کے لشکروں میں رہے

ہمارے ساتھ رہے حبس اور سناٹے
عجیب شان سے ہم لوگ بھی گھروں میں رہے

کچھ اِس قدر تھا عنا گیر خود وجود اپنا
کہ تا حیات الم ناک منظروں میں رہے

رہے ہلاکِ غمِ زندگی مگر پھر بھی
ہم اپنے شہر کے خوش رنگ پیکروں میں رہے

ہم ایسے لوگوں کو شیشے کبھی نہ راس آئے
لہولہان سے رہ کر بھی پتھروں میں رہے

یہی طلب تھی بدلتے ہوئے مزاجوں کی
نئی کشید کہن سال ساغروں میں رہے

کوئی پروا نہیں میری طرف آئیں پتھر
لوگ وحشی ہیں تو پتھر پہ چلائیں پتھر

کسی ویرانے میں ہوتا نہیں تنہا کوئی
ایک اک گام پہ دیتے ہیں صدائیں پتھر

جس جگہ چاروں طرف ہوتے ہیں شیشوں کے مکاں
بھول جاتے ہیں وہاں اپنی ادائیں پتھر

سبق آموز ہیں ہم خاک نشینوں کے لیے
اوڑھ لیتے ہیں غباروں کی رِدائیں پتھر

لے کے آیا ہوں ظہیرؔ اپنی نوا کا شیشہ
آپ ناقد ہیں تو ہاتھوں میں اُٹھائیں پتھر